Préface

Ce recueil mêle discours théoriques sur l'organisation politique et sociétale que requiert la TUP et discours pratiques. L'auteur affirme : « Voici la Théorie de l'Utilisation Progressiste, élaborée pour le bonheur et le bien total de tous. » Il propose un nouveau modèle socio-économique qui fait fi des discours idéologiques impraticables et pose clairement ce qui est possible et ce qui est nécessaire si l'on veut véritablement se diriger vers l'idéal de la famille universelle.

Voici ce modèle tel qu'il l'a lui-même énoncé, présenté en traduction française. Le capitalisme arrive aujourd'hui à un point extrême où la recherche du profit maximum en est arrivée à ne plus avoir de morale. Dans le monde entier, des gens manquent, sous la contrainte, du nécessaire tandis que tant d'autres se vautrent dans le luxe. La Théorie de l'Utilisation Progressiste – la TUP[1] – propose une voie de sortie positive et d'avenir, élaborée sur des bases pragmatiques.

« La civilisation humaine est en danger. La raison principale est que dans de trop nombreux cas, la théorie a précédé la pratique. » *Theory and Practice*, discours de l'auteur.

Prabhat Ranjan Sarkar est un philosophe et maître de yoga indien de la deuxième partie du 20e siècle. À Jamalpur, Bihâr, Inde de l'est, il fonde en 1955 un mouvement spirituel prônant une spiritualité sans dogme, universelle. Peu de temps plus tard, il formulera la Théorie de l'Utilisation Progressiste devant la misère économique du peuple. Ses ouvrages couvrent un large champ de la connaissance humaine (voir p. 218).

---

[1] En anglais, *Prout* (prononcé praot) pour *Progressive Utilization Theory*. (ndt)

Vous trouverez page suivante un sommaire, et en fin d'ouvrage une table des matières analytique ; un énoncé des principes de la TUP forme l'un des chapitres du livre.

Ce recueil présente la pensée de l'auteur en commençant par des parties théoriques, suivies de parties pratiques – essentiellement politiques et économiques –. Viennent ensuite deux parties complémentaires.

De façon générale, les chapitres sont, dans chaque section, classés par ordre chronologique.

Les crochets [ ], dans le texte, indiquent une insertion du traducteur ou de l'éditeur sensée refléter la pensée de l'auteur. Les parenthèses italiques *( )* indiquent un ou des mots originaux de l'auteur ou ceux de la traduction anglaise ; « ndt » désigne une note de la traductrice.

Des précisions sur la traduction (parfois double) sont données p. 216

J. C.

Prabhat Ranjan Sarkar

LA DÉMOCRATIE ÉCONOMIQUE

La Vision de la TUP

(la Théorie de l'Utilisation Progressiste)

recueil

Manifeste pour une société équitable,
spirituelle, progressiste, néohumaniste

Éditions Ánanda Márga
La Voie de la Félicité

© Ánanda Márga Pracáraka Samgha (Central), Anandanagar, P.O. Baglata, Dist. Purulia, W.B., India.
Traduit des éditions en langue anglaise et sanscrite (discours prononcés en hindi ou bengali, et/ou anglais, et sanscrit) reprises dans *Eledit*, par S. Bertagnolio et J. Caujolle. Voir p. 216. Choix des textes, J. C.
Édité et publié par l'association Ánanda Márga Pracáraka Samgha (France) ; Éditions Ananda Marga, 153 avenue Joffre, 66000 Perpignan, France
En Afrique, publié avec Ánanda Márga Publications Nairobi Sector.
Contacts p. 219
Tous droits réservés. Toute reproduction est soumise à l'accord formel de l'éditeur français. Première édition oct. 2011, légèrement remaniée 2016.
Responsable des publications d'Ánanda Márga en Europe *(Berlin sector)* : Ác. Devavratánanda *Ávt.*
ISBN 978-2-907234-05-4 Dépôt légal octobre 2011

Sommaire

Introduction

Le règne de la rationalité

Ce système solaire a suffisamment de ressources pour assurer l'existence – l'alimentation et l'approvisionnement matériel nécessaires – non seulement des êtres humains mais de tous ses êtres vivants.

À cause de notre sottise, de notre réflexion primaire, nous n'avons pas réussi à résoudre les problèmes de l'existence matérielle. Notre planète est maintenant comparable à un trésor caché. Nous devons utiliser ce trésor caché pour subvenir aux besoins de tous les êtres vivants de ce monde.

Notre terre traverse une période délicate. Nous devons immédiatement trouver une solution. Cela ne peut attendre. C'est pour cela que nous devons propager la Théorie de l'Utilisation Progressiste (TUP) dans le monde entier, sur toute la planète. Vous devez esquisser des programmes pour la concrétiser et la mettre à l'œuvre rapidement.

La vie économique, la vie politique et la vie sociale ne sont cependant pas tout pour les êtres vivants et les êtres humains. Ils ont aussi un monde mental et un monde spirituel. Pour développer ces mondes mental et spirituel, nous devons propager partout l'idéologie néohumaniste[1], car le monde spirituel dirige tous les autres domaines de la vie humaine.

(…)

Des êtres humains innocents sont à la merci de rapaces humains. Les animaux aussi sont à leur merci, même les plantes le sont : ces monstres détruisent les forêts sans en planter de nouvelles, créant de nouveaux déserts. Il y a de la folie, de la sottise, dans ce qu'ils pensent, tout comme dans leur économie.

---

[1] Lire *Libérer l'intellect : le Nouvel Humanisme*, Éditions Ánanda Márga, 1989, de l'auteur. (ndt)

Trois cents ans en arrière, il n'y avait pas de désert en Amérique du Sud ; cent cinquante ans en arrière, il n'y avait pas de désert en Inde. Des êtres humains innocents sont à la merci de monstres humains, nous devons résoudre ce problème. Nous devons le résoudre grâce à la Théorie de l'Utilisation Progressiste (TUP), le Nouvel Humanisme, les microvita[1], l'art, la littérature, les chants, la musique et l'effort spirituel *(sádhaná)*. Voilà la panacée à tous ces problèmes.

(…)

Ce que nous voulons, c'est le règne de la rationalité. La société humaine est une et indivisible. L'hétérogénéité n'est qu'apparente car essentiellement il n'y a qu'homogénéité. Au Moyen-Orient, par exemple, il y a des musulmans, des juifs, des chrétiens, des sémites et des noirs mais tous sont de la même race divine – tous sont les descendants du Père suprême. Voilà ce que dit la philosophie d'Ánanda Márga. C'est seulement parce qu'ils sont guidés par des dogmes que les gens pensent en termes d'hétérogénéité. Il n'y a dans ce monde qu'une seule idéologie qui non seulement embrasse tout mais imprègne également tout.

Nous avons exposé à la fois les problèmes et leurs solutions. C'est à présent notre devoir sacré de porter ce message à tous les coins et recoins de ce monde. Le vent souffle en notre faveur. Nous devons porter le message à chaque particule de l'essence de ce monde vivant, sans exception.

Calcutta, le 31 août 1987

---

[1] Voir note p. 206 (ndt)

Le point de vue philosophique

Pour une fraternité universelle

La spiritualité n'est pas un idéal utopique mais une philosophie concrète que l'on peut mettre en pratique dans la vie quotidienne, aussi terre-à-terre soit-elle. La spiritualité vise à l'évolution et à l'élévation, et non à la mise en œuvre de superstitions ou au pessimisme. Les tendances séparatistes et les philosophies communautaristes poussent à s'enfermer dans l'étroitesse d'esprit ; elles n'ont rien à voir avec la spiritualité et l'on doit les combattre. Il ne faudrait accepter que ce qui conduit à une plus grande largeur de vue, à une vision d'ensemble. La philosophie spirituelle ne reconnaît pas les différences et les différentiations contre nature faites entre êtres humains, et prône la fraternité universelle.

Dans le monde d'aujourd'hui, de nombreuses tendances séparatistes divisent l'humanité en groupes mutuellement belliqueux. La spiritualité doit inculquer du bon sens aux êtres humains et développer une affinité naturelle entre les membres de cette espèce de la création. Son approche doit être rationnelle, psychologiquement appropriée et offrir un touchant appel aux sentiments les plus profonds de l'être humain. Celui-ci devrait se rendre compte, par une analyse rationnelle, de sa relation à l'Être divin et reconnaître la profonde bienveillance de la Divinité. La spiritualité doit conduire l'être humain à la Vérité divine une dont il est issu et qui est l'ultime destinée. Cet idéal ultime et absolu est l'idéal spirituel universel, un idéal hors du temps, de l'espace et de toute notion de personne. Il est l'Absolu, l'au-delà du relatif. Il brille de son propre éclat de tout temps et pour tout élément du cosmos, que celui-ci soit un être humain ou un être moins développé. Seul l'idéal spirituel infini peut être la force unificatrice qui donne à l'humanité la force de briser les chaînes et d'abattre tous les mesquins remparts intérieurs des tendances séparatistes.

Il faut s'opposer fermement à toutes les idées génératrices de sentiments [séparatistes]. Cela ne veut pas dire qu'il faut s'opposer aux sentiments, traditions et habitudes qui sont innés aux êtres humains et ne gênent pas leur développement universel. Prôner l'uniformité vestimentaire de la population, par exemple, est à la fois ridicule et irrationnel. Les choix vestimentaires sont le résultat de facteurs climatiques et de besoins corporels. Qui plus est, les différences d'habillement ne nuisent pas à la fraternité mondiale.

Il y a aussi de nombreuses différences régionales ou nationales concernant d'autres traditions et coutumes. Pour le développement autochtone de la société, il faut en faire cas et les encourager mais sans, pour autant, jamais transiger sur le principe d'une inculcation du sentiment universel ni céder à des tendances qui s'y opposeraient.

L'inspiration d'un sentiment spirituel universel dépendra de notre capacité à résoudre de façon collective et humaniste certains problèmes physiques, objectifs. Dans le domaine relatif du monde objectif, il faut s'attaquer à répondre aux problèmes fondamentaux d'une philosophie de la vie commune, d'une même structure constitutionnelle, d'un code pénal commun et de la disponibilité (production, approvisionnement et pouvoir d'achat) des biens et services essentiels.

Une même conception de la vie

Une philosophie commune de la vie exige que l'être humain ait clairement à l'esprit que la personne humaine se développe sur les trois plans : physique, métaphysique (ou mental) et spirituel. Certains penseurs matérialistes ont affirmé que la spiritualité est une philosophie utopique dénuée d'utilité pratique pour ce qui est des réels problèmes de la vie. D'autres penseurs l'ont vue comme un ingénieux moyen de tromper la masse laborieuse. L'analyse raisonnée élaborée ci-dessus[1] a dû néanmoins convaincre les lecteurs réfléchis que la spiritualité est le souverain Bien[2] de la vie sous tous ses aspects. Ceux qui considèrent la spiritualité *(dharma)* comme une affaire personnelle en restreignent trop étroitement le sens. La spiritualité conduit à l'unité en Dieu, en infusant dans l'esprit du pratiquant la notion d'un idéal universel. La religion est, prise au sens de spiritualité, le facteur d'unification de l'humanité. Qui plus est, la spiritualité apporte, à l'être humain et à l'humanité en général, ce pouvoir subtil et formidable qui fait pâlir en comparaison tout autre pouvoir. C'est pourquoi nous avons besoin, pour résoudre les problèmes physiques, psychologiques et socio-philosophiques d'aujourd'hui, d'une philosophie rationnelle s'appuyant sur la spiritualité. Cette théorie rationnelle complète, traitant de l'entier développement humain tridimensionnel – spirituel, mental et physique – devra être une philosophie commune à toute l'humanité. Elle sera évolutive et en perpétuel progrès. Bien entendu, de petits détails peuvent varier en fonction de l'environnement relatif de l'époque.

Le nationalisme se démode rapidement. Le sentiment national a en effet porté à l'humanité des coups sévères dans les guerres mondiales de ce XXe siècle ; de plus le mélange social et culturel de notre époque montre que le cosmopolitisme domine dans les affaires du monde. Les intérêts en place continuent cependant à produire des tendances séparatistes ; certains craignent de perdre leur domination économique ou politique et sont directement responsables de ces réactions nuisibles ou rétrogrades.

---

[1] Ce discours est le dernier chapitre du livre *Idea and Ideology* de l'auteur. (ndt)
[2] *Summum bonum*, autrement dit la finalité ultime qui doit être poursuivie par l'homme. (ndt)

Une même structure constitutionnelle

Malgré ces obstacles, l'harmonisation sociale de l'humanité progresse et réclame que l'on construise une structure constitutionnelle commune qui puisse cimenter la solidarité mondiale. Un gouvernement mondial est aussi tout à fait essentiel pour exercer les pleins pouvoirs dans certains domaines ; il ne devrait par exemple y avoir qu'une seule armée, mondiale.

Le gouvernement mondial devrait créer des circonscriptions autonomes – pas nécessairement nationales mais fondées sur les problèmes d'éducation, d'approvisionnement en nourriture, de prévention des inondations et le sentiment populaire – et qui devront gérer les problèmes matériels et supramatériels. On pourra réajuster les frontières de ces circonscriptions dans le but de s'adapter à un changement d'environnement, par exemple un développement des techniques de communication. Le développement des moyens de communication rapproche les contrées lointaines du monde qui devient plus petit. Avec des moyens de communication développés et plus rapides, des circonscriptions de plus grande taille peuvent fonctionner sans heurt et efficacement.

Il faut aussi développer une langue servant de langue véhiculaire mondiale – actuellement l'anglais est la langue la plus appropriée pour cela et il ne faudrait encourager aucun sentiment national à s'y opposer. Il faut cependant encourager les langues locales pour permettre aux littératures autochtones de se développer et de contribuer au progrès mondial, et, par là, à la fraternité humaine universelle.

Un code pénal commun

La législation doit être progressiste et capable de s'adapter graduellement aux circonstances en cours. Toute théorie qui ne reste pas en accord avec la situation perpétuellement changeante d'époque, de lieu et de personne ne peut que dégénérer et tomber dans l'oubli. Il faut donc s'efforcer continuellement d'amender les lois en vue de les corriger.

Les crimes sont les actes interdits par la loi d'un gouvernement tandis que la vertu et le vice sont le produit des coutumes et traditions. Les sentiments des législateurs sont fortement influencés par les traditions et coutumes de leur région, ou nation, concernant le vice et la vertu. Le sens même de « crime » suit donc une progression semblable au concept de vice et de vertu. L'idée de vice et de vertu change selon les pays. Les aspirants à la fraternité mondiale doivent s'efforcer de diminuer cette différence en réduisant l'écart entre les lois morales cardinales et les lois humaines. Il faut considérer comme vertu toutes les actions qui favorisent de façon générale le développement spirituel, mental et physique de l'être humain et comme vice, tout ce qui va à l'encontre de l'humanité dans son développement spirituel, mental et physique. Cette conception de la vertu et du vice s'applique à toute l'humanité.

La disponibilité des produits et services essentiels

La disponibilité des nécessités de base est essentielle non seulement à l'établissement de la fraternité mondiale mais aussi au développement de la personnalité humaine. Il faut s'attaquer à ce problème en termes mondiaux, en s'appuyant sur certains présupposés fondamentaux : que chaque être humain a certains besoins de base que l'on doit lui garantir. Il faut organiser un accès facile à la nourriture, à l'habillement, aux soins médicaux et au logement pour que les êtres humains puissent utiliser leur énergie excédentaire (énergie jusqu'à présent consacrée à l'obtention du minimum vital) à des quêtes plus nobles. Il faut en même temps offrir d'autres facilités et éléments de confort du monde moderne sur une large échelle. Pour s'acquitter des responsabilités mentionnées plus haut, l'on doit générer suffisamment de pouvoir d'achat.

Si l'on garantit à chacun ses besoins sans exiger en retour des compétences et du travail, certains pourraient se laisser aller à la paresse. Les besoins minimaux de chaque personne sont les mêmes mais la diversité est aussi une caractéristique de la création. Il faut donc fournir des facilités et biens supplémentaires, de sorte à utiliser pleinement la diversité en savoir-faire et en intelligence, et encourager les talents à contribuer de leur mieux au développement humain. Il est donc nécessaire de prévoir, en fonction de l'époque, des suppléments de rémunération permettant d'accéder à des facilités et éléments de confort additionnels. L'on doit cependant, en même temps, s'efforcer continuellement de réduire l'écart entre le montant des rémunérations privilégiées et le minimum, le strict nécessaire du citoyen moyen. Il faut augmenter le minimum garanti en finançant plus de commodités particulières de l'époque tout en diminuant la part des suppléments de rémunération réservés à quelques-uns. Cet effort d'une juste harmonisation économique doit se poursuivre sans cesse, pour favoriser l'évolution spirituelle, mentale et physique de l'être humain et lui permettre de développer un sentiment spirituel universel envers un idéal spirituel universel et une fraternité mondiale.

Dans ce cadre socio-économique, les gens sont totalement libres dans les domaines spirituel et mental. Ce qui est possible parce que les objets auxquels on peut aspirer spirituellement ou psychiquement sont eux-mêmes illimités et la quantité de possession dans ce domaine n'affecte pas le progrès d'autrui dans sa quête. À l'inverse, les ressources physiques étant limitées, toute acquisition disproportionnée ou sans restriction d'objets physiques a toutes les chances de créer une immense majorité de pauvres, gênant ainsi la croissance spirituelle, mentale et physique du plus grand nombre. Il faut donc, quand on s'attaque au problème de la liberté individuelle, garder à l'esprit qu'on ne doit pas lui permettre, sur le plan physique, de dépasser la limite où elle devient une gêne au développement complet de la personne humaine ; et en même temps, il ne faut pas la réduire au point que cela en vienne à entraver la croissance spirituelle, mentale ou physique des êtres humains.

La philosophie sociale d'Ánanda Márga[1] préconise donc un développement intégré de la personne humaine ainsi que l'établissement d'une fraternité mondiale, qui inculque en l'être humain un sentiment spirituel universel. L'[Ánanda] Márga recommande l'utilisation progressiste des éléments matériels et supramatériels de l'univers. La société, pour sa vitalité, son dynamisme et son progrès, a besoin d'être stimulée ; pour cela Ánanda Márga prône la Théorie de l'Utilisation Progressiste (TUP), signifiant par cela une utilisation progressiste de tout élément. On peut qualifier de « praotistes »[2]/militants de la Tup ceux qui défendent ce principe.

Les principes de la Théorie de l'Utilisation Progressiste (TUP) reposent sur les points essentiels suivants :

1. Ne permettre à personne d'accumuler de richesses matérielles sans la permission, l'accord clair de la société.

2. Utiliser au maximum et répartir rationnellement toutes les ressources matérielles, supramatérielles et spirituelles de l'univers.

3. Exploiter pleinement le potentiel physique, psychique et spirituel de chacun et des organes collectifs de la société humaine.

4. Créer un juste rapport entre toutes ces utilisations physiques, psychiques, matérielles, supramatérielles et spirituelles.

5. Adapter l'utilisation aux changements d'époque, de lieu et de personnes dans une perspective progressiste.

Notre théorie est ainsi une Théorie de l'Utilisation Progressiste (T.U.P.)

Jamalpur, le 5 juin 1959

---

[1] Le mouvement socio-spirituel fondé par l'auteur. (ndt)
[2] *« proutist »* (prononcé « praotiste »), en référence au sigle anglais. (ndt)

Les droits de la femme

Nous, hommes et femmes, sommes les enfants de la même Entité suprême. Les femmes et les hommes sont également divins et héritent du même droit à la vie, à la liberté et à l'expression. Le sens de la vie ne se réduit pas à la survie physique. Les animaux vivent aussi, mais pour nous la vie signifie quelque chose de plus, ou plutôt, de beaucoup plus.

Pour nous, la vie, c'est vivre pour une grande cause. La vie, c'est être libre d'exprimer son potentiel dans les domaines physique, économique, psychique et spirituel. Nous parlons là de la véritable liberté et non de la permission de faire tout ce que l'on veut, bien ou mal.

Dans les annales de l'histoire humaine, nous trouvons des femmes dont la mémoire fait honneur non seulement à la gent féminine mais à l'humanité toute entière. Elles atteignent à l'excellence dans tous les domaines, philosophie, spiritualité, réformes sociales, éducation, science ou technologie. On voit des femmes analyser les énigmes de la philosophie, imaginer des réformes sociales ou éducatives adaptées et inspirer les hommes dans les périodes de conflit. Elles n'ont pas moins de potentiel que les hommes. Les différences naturelles et biologiques qui existent entre les hommes et les femmes appellent à une coopération à rang égal et non à une coopération subordonnée.

Les annales de l'histoire décrivent pourtant les épisodes tristes et douloureux de l'exploitation des femmes partout dans le monde. Pour accomplir ce funeste projet, on a créé des dogmes générateurs d'exploitation psycho-économique. Ces dogmes, popularisés de manière fourbe, ont réduit les femmes à l'esclavage. On a soumis les femmes par l'exploitation psychique et nombre des symboles révérés par la religion ne sont autres que des symboles d'esclavage. Aujourd'hui, de nombreuses religions du monde n'autorisent pas les femmes à devenir prêtre ou à faire partie de la hiérarchie religieuse.

L'exploitation des femmes est plus ou moins la même partout. N'est-ce pas un fait que de nombreux pays ont longuement hésité à donner le droit de vote aux femmes ?

Même aujourd'hui, les femmes sont esclaves d'un ordre social dominé par les hommes. Ce n'est pas seulement mal, c'est déplorable. Nous devons dénoncer cette domination exercée sur les femmes et l'utilisation de dogmes pour leur exploitation psycho-économique. Pour abolir les dogmes et libérer les femmes de l'exploitation psychique, il faut garantir :

1. L'éducation gratuite des femmes de tous les pays du monde.

2. Leur non discrimination dans les domaines sociaux, éducatifs et religieux.

3. La sécurité économique et sociale à toutes les femmes.

Nous voulons créer, et tout spécialement chez les femmes, une flambée de conscience sociale forte et dynamique, qui les inspire à se lever, à abolir les dogmes et à supprimer tous les symboles d'esclavage, inaugurant ainsi une nouvelle ère de coopération à rang égal et de brillantes réussites. Que les femmes soient l'avant-garde d'une révolution nouvelle que doit accomplir l'humanité pour espérer des lendemains radieux.

Calcutta, le 20 avril 1981

La spécificité du cinquième principe fondamental de la TUP

Le cinquième principe fondamental[1] de la TUP dit :
Desha-kála-pátraer upayogáh parivartante te upayogáh pragatishiilá bhaveyuh[2].
[« Les utilisations changent selon l'époque, l'endroit et les personnes. Que ces utilisations soient progressistes. »]

Ce principe a une spécificité que nous allons essayer de définir.

Tout, dans cet univers, est sujet au changement, et les facteurs relatifs (temporel, spatial et individuel) aussi. Tout est fonction de l'époque et du lieu et doit s'adapter au moment, au lieu et à la personne, l'être humain et la société y compris. Sans cette adaptation, l'être humain ne peut même pas se maintenir en vie.

Le changement est la loi du système, la loi de la nature. Si une théorie ne s'adapte pas à cette loi, elle est condamnée à mourir. Maintes théories, maintes idéologies et maintes prétendues religions du passé sont mortes pour avoir manqué de s'adapter aux circonstances changeantes. Par exemple, dans le passé, la société respectait grandement les pratiquants tantriques, qu'ils soient de la voie de gauche ou de droite. Au cours de la période bouddhiste du Bengale, ces pratiquants s'asseyaient généralement, durant leur méditation, sur un symbole tantrique dit *tantra-cakra*. Le fait de s'asseoir sur ce diagramme mystique *(cakra)* valut à ces pratiquants tantriques le titre honorifique de « pratiquant du symbole » *(cakra-vartii)*. L'époque et le lieu ayant changé, le titre de « pratiquant du symbole [tantri-

---

[1] Le seizième principe de la TUP (voir p. 91) (ndt)
[2] *Ánanda Sútram 5.16* (Précis philosophique de l'auteur) (ndt)

que] » n'est plus une marque d'honneur ou de respect. Les gens ne se sentent plus honorés par ce titre et n'y accordent plus aucune importance. Est-ce le sort qui attend la TUP ?

Les temps et les lieux changent [continuellement] et la TUP devra s'adapter à ce changement. Les principes de la TUP ne changeront pas mais l'application de la TUP s'adaptera aux circonstances. Les êtres humains devront avancer en prenant en compte les changements d'époque et de lieu, et en s'y adaptant. L'adaptation et la flexibilité sont essentielles au progrès humain.

Prenons d'autres exemples. Dans l'antiquité, les gens prenaient un bain sacré collectif dans le Gange ; cette pratique est aujourd'hui désuète. Les parents avaient aussi coutume de sacrifier leur plus jeune enfant en le jetant dans les eaux du Gange lorsqu'il y avait une crise dans la famille. Ils sacrifiaient leur plus jeune enfant dans l'espoir de sauver la famille toute entière du désastre. On ne pratique plus de telles choses maintenant et elles nous paraissent horribles, rien qu'à les entendre. C'est un signe de flexibilité pour une société que ses membres ne suivent pas toujours les mêmes vieux modèles. Si la société conserve indéfiniment les mêmes coutumes, elle devient inerte et meurt.

Un traité religieux affirme que prêter de l'argent avec intérêt est un péché. Si l'on suit rigoureusement ce principe religieux, il ne peut y avoir de système bancaire et la société dans son ensemble en pâtit. Pour faire tourner correctement la machine gouvernementale, les dirigeants de la société doivent soit violer ce principe, soit nuire sciemment à la société en suivant leur dogme religieux. S'ils font le second choix, nous pouvons dire que c'est sous la pression du dogme, parce que s'ils suivent leur dogme rigoureusement, la société moderne les rejette. La plupart des religions du monde d'aujourd'hui doivent faire face à ce genre de dilemme.

Si les hindous suivent le système de caste, ils minent en même temps la société. Les veuves hindoues du passé portaient un épais sari de coton blanc et les cheveux très courts ; aujourd'hui les veuves ne suivent plus cette coutume. Quelqu'un qui essaye, de nos jours, de convaincre une veuve de suivre cette pratique, se fait vivement rabrouer.

Chaque chose doit donc s'adapter à l'époque, à l'endroit et à la personne. Si les gens ne s'adaptent pas à l'époque, au lieu et à la personne, ils sont inévitablement dépassés.

Cent cinquante ans environ en arrière, Karl Marx observa l'inégalité sociale et l'exploitation de la société. Il croyait l'injustice sociale une conséquence des inégalités de revenu. Il pensa alors que s'il n'y avait plus de salaire individuel, que si les gens vivaient dans un système de communes populaires où le gouvernement leur fournirait nourriture et vêtements, il n'y aurait plus d'injustice. Le système des communes populaires a-t-il pour autant résolu les problèmes socio-économiques des États communistes ?

Les personnes intelligentes travaillant dans le système des communes populaires gagnent la même chose que les personnes ordinaires et cela ne les incite pas à s'investir dans leur travail. Les gens mettent généralement en doute la valeur de leur travail si tout le monde reçoit la même chose. La théorie appliquée de la commune populaire a donc abouti à une impasse. Dans ces conditions, nul ne peut utiliser au maximum ses capacités et le talent d'un génie reste inexprimé. Si le roi Bhoja, qui était un roi très sage et intelligent, avait eu la même influence à sa cour qu'une personne dépourvue d'intelligence, tout son royaume se serait effondré. C'est ce qui se passe dans les pays communistes. Le système communal de production s'est avéré difficilement applicable parce qu'il n'encourage pas l'initiative individuelle et ne motive pas les gens talentueux. C'est la raison principale de l'échec du système des communes populaires. L'URSS doit importer du blé du Canada, des États-Unis d'Amérique et d'Australie, qui sont des pays capitalistes, bien qu'elle possède suffisamment de terres arables car elle n'a pas été capable d'exploiter comme il faut le potentiel productif de sa population.

La théorie appliquée de la commune populaire a abouti aujourd'hui à une impasse et est maintenant en proie à des convulsions hystériques. Les communistes ont abandonné toute logique et raison – ils sont devenus hystériques et se contentent de crier fort dans l'espoir que les autres les suivront par peur. Être rationnel demande la souplesse de l'intelligence. Sans cette flexibilité essentielle, les cris l'emportent sur la raison.

Aujourd'hui, [les théories] dans tous les domaines – y compris la science, la religion, la vie sociale, etc. – ont perdu leur flexibilité. En science, la théorie atomique de Dalton[1] est complètement dépassée. De nouvelles théories ont pris la relève dans certains domaines, et dans d'autres, le changement est en train de se produire. En chimie par exemple, si des chimistes font des analyses sur des sels identiques mais obtenus auprès de fournisseurs différents, le résultat varie souvent. Il y a quelque part dans ces expériences, une différence ou une contradiction ; ceci parce que le nombre de microvita dans les sels des deux fournisseurs est différent. Cette théorie des microvita[2] accordera donc la science à l'époque et aux lieux.

Si le changement est un phénomène naturel, l'attraction aussi est une loi de la nature. Il y a de l'attraction entre tous les objets et entre toutes les personnes, sans exception. C'est naturel. Quand un homme qui s'est perdu dans la jungle, la nuit, aperçoit soudain la lumière d'une torche, il s'approche de la personne tenant la lampe sans penser qu'il pourrait s'agir d'un voleur ou d'un meurtrier. De même, l'homme tenant la torche

---

[1] 1803, l'anglais John Dalton est le fondateur de la théorie atomique. (ndt)
[2] Lire du même auteur Les microvita, ou la note p. 206 (ndt)

ne se préoccupe pas de la nature de la personne qui a perdu son chemin. Il a au contraire le sentiment qu'il ne fait que son devoir en le conduisant en lieu sûr. Cela illustre bien l'attraction qui existe entre les êtres humains.

On peut d'ailleurs donner d'autres exemples. Certains pensent que les animaux n'aiment pas leur progéniture autant que les êtres humains, mais ce n'est pas vrai. Les animaux aiment leur progéniture selon leur capacité. Même chez les êtres humains, on note que l'amour varie avec le temps, le lieu et la personne. Une mère aime énormément son fils, mais l'intensité de cet amour décroît quand le fils se marie et que la mère se rend compte que l'affection de son fils va maintenant essentiellement à sa belle-fille. Pour compenser, la mère aimera encore plus ses autres enfants non encore mariés. L'explication psychologique est que là où l'égoïsme augmente, l'attraction entre les êtres humains décroît.

Nous devons élargir le champ de cette attraction, de cet amour. Cet amour doit englober toutes les plantes, les animaux, etc., parce qu'ils sont tous vivants, ils sont tous sensibles. Il nous faut penser que les autres ressentent les choses exactement comme nous les ressentons et inclure dans ce sentiment les plantes, les animaux et le monde inanimé. C'est cela le Nouvel humanisme et ce Nouvel humanisme est essentiel au développement complet de l'esprit humain.

Nous devons donc adopter, pour le bien-être prolongé des êtres humains et de toute la création, une théorie à la fois flexible et élastique. Lorsque l'élastique d'un vêtement perd sa flexibilité, on se débarrasse du vêtement en question. De la même façon, si une théorie perd de sa flexibilité, elle ne peut plus s'adapter à l'époque, au lieu et à la personne et finit par être abandonnée. Les politiques différeront en fonction de l'époque, du lieu et de la personne mais les principes resteront les mêmes parce qu'ils englobent tout et que leur point de vue cognitif est universel.

À l'époque de transition actuelle, de nombreuses théories évoluent ou sont rejetées sous vos yeux mêmes. Si un groupe se cramponne aux schémas du passé, il sera de même rejeté. Les personnes intelligentes ne s'attachent pas à de vieilles idées dépassées. Ils embrasseront au contraire sans réserve cette théorie qui s'adapte au moment, au lieu et à la personne et qui durera indéfiniment.

La philosophie de la TUP est au pinacle de l'excellence parce qu'elle suit les changements de temps, de lieux et de personnes. La TUP dépassera continuellement les limites du moment, du lieu et de la personne, de manière toujours progressiste.

Continuez donc de progresser. Les semeurs de discorde ne pourront plus s'immiscer dans les affaires humaines et ériger une barrière bloquant la marche du progrès. Continuez votre avancée sans vous laisser décourager.

Calcutta, le 16 mars 1988

Fournir le minimum vital et un maximum d'éléments de confort

La société a de nombreux attraits et il est dans la nature de l'être humain de courir après ces attraits. Le communisme exploita cette tendance humaine en promettant de distribuer la richesse également entre tous. Mais les ressources matérielles du monde étant limitées, est-il possible de les répartir également entre tous ? Non, et tenter de le faire n'est qu'une vaine prétention. Le communisme a maintenant succombé. Il n'était qu'une théorie erronée, un étalage verbeux, rien de plus.

Plutôt que d'essayer de distribuer la richesse également entre tous, la juste manière de faire est de s'assurer que chacun a ses besoins minimaux couverts. Le niveau de cette couverture minimum doit s'accroître au fur et à mesure que le revenu général augmente. Pour réduire l'écart entre les plus riches et les plus pauvres, nous devons augmenter le niveau de couverture minimal de tous. Nous devons de surcroît fournir des équipements supplémentaires aux personnes méritantes pour leur permettre de rendre plus de services à la société. On doit pour cela réserver une part de la richesse à ceux dotés de qualités particulières. Le financement de ces équipements supplémentaires ne doit cependant pas se faire au détriment de l'intérêt général. Ajoutons qu'il faut non seulement augmenter les équipements complémentaires des gens méritants mais aussi ceux des gens ordinaires. Les personnes méritantes gagneront plus que les gens du commun et ces revenus incluront leurs équipements supplémentaires. Les personnes ordinaires ne doivent cependant pas être privées d'équipements complémentaires et l'on doit faire des efforts pour leur accorder la part la plus élevée possible des commodités de la vie disponibles. Il y aura encore un écart entre les équipements complémentaires du peuple et les équipements complémentaires des personnes de valeur mais on doit continuellement s'efforcer de réduire cet écart. Ainsi, les gens ordinaires devraient avoir également accès à de plus en plus de commodités. Si l'on ne fournit pas un maximum de commodités aux gens du commun, la société progressera sans aucun doute mais la porte restera ouverte à un [déséquilibre] futur.

Il faut sans cesse accroître à la fois la couverture minimum et les éléments de confort supplémentaires. Cette idée est une nouvelle addition à notre philosophie.

Si le complément d'équipements des gens de mérite devient par trop élevé, il faut immédiatement relever la couverture minimale des gens ordinaires. Si, par exemple, une personne dotée de qualités particulières a une motocyclette et qu'une personne ordinaire possède une bicyclette, il s'agit d'une situation équilibrée. Mais si les personnes de valeur possèdent une voiture, nous devrions immédiatement essayer de fournir des motos aux gens ordinaires.

Il y a un proverbe qui parle de pensées élevées et d'une vie simple, mais qu'est-ce que « vivre simplement » ? Vivre simplement il y a quatre-vingts ans n'était pas la même chose que vivre simplement aujourd'hui. [Ce qu'on entend par] une vie simple change avec l'époque. Les critères de mérite se modifient aussi avec le temps. Ainsi, la couverture minimale et les éléments de confort supplémentaires varieront en fonction de l'époque, et les deux augmenteront perpétuellement. Dans le cas contraire, la société ne ferait pas de progrès économique.

Nous devons donc progresser en fournissant les besoins minimums de l'époque à chacun, en accordant le maximum d'équipements de l'époque aux personnes dotées de qualités particulières selon leur mérite, mais aussi en offrant le maximum d'équipements aux gens ordinaires. La couverture minimale et le maximum d'équipements seront perpétuellement réévalués en fonction du moment et de leur valeur monétaire. C'est ainsi que vous devez améliorer la condition des gens : vous devez constamment élever leur niveau de vie.

Les « commodités » de la vie

Les commodités *(amenities)* de la vie sont tout ce qui rend la vie plus agréable, plus facile. Le mot [anglais] *« amenity »* vient du vieux latin *amoenus* qui signific « satisfaire un désir » ou « rendre une situation facile ». Ces agréments ou commodités répondent aux désirs physiques et psychiques. On considérera comme commodités de l'époque tout ce qui comble les désirs physiques et psychiques des gens. Il faudrait accorder un maximum de commodités au peuple. Par exemple, auparavant il fallait creuser un puits pour avoir de l'eau potable puis porter cette eau jusqu'à la maison. Par la suite, on a construit des réservoirs d'eau et l'eau potable arrive maintenant par des canalisations. Les commodités se sont ainsi multipliées et la vie est devenue plus facile. Le but est toujours de se procurer de l'eau mais le moyen d'y arriver est plus aisé et pratique. Prenons un autre exemple. Supposons que des écoliers aient leurs besoins minimums couverts. Si on leur sert un goûter gratuit, ce service s'ajoute à leur couverture minimum. De même, il y a, dans la plupart des trains, des compartiments de première et de seconde classe ; les passagers de première classe jouissent déjà d'un confort particulier mais si l'on offre aux passagers de seconde classe le thé ou le café, on peut qualifier cela d'extra. Avec le progrès de la société, il faut fournir aux gens ordinaires une quantité toujours croissante de ces extras. Cela nous encourage à réunir et exploiter toujours plus de ressources, et la bonne utilisation des ressources collectives permet l'élévation du niveau de vie à la fois des masses et des personnes de mérite.

Lorsque l'on satisfait les besoins minimums et que l'accès aux commodités supplémentaires s'accroît, la lutte pour l'existence quotidienne s'adoucit et la vie se fait plus facile et agréable. C'est pourquoi la TUP garantit les besoins minimums et un maximum de commodités de la vie à tous.

Si, lors d'un voyage en train, vous voyez quelqu'un prendre une collation très appétissante, vous avez naturellement l'envie ou le désir de déguster les mêmes mets[1]. C'est un désir naturel de nourriture. Ces choses que veut votre corps sont les commodités naturelles. Les commodités naturelles répondent à tous les appels de la nature, cela comprend tous les besoins physiologiques naturels comme ceux d'uriner, de déféquer ou de manger quand on a faim. Les gens ordinaires devraient recevoir un nombre croissant de commodités naturelles pour rendre leur vie plus aisée. On devrait aussi leur donner de plus en plus de commodités extra-naturelles. Les gens du peuple vivent des contraintes et un stress importants, on doit les libérer de ces tensions. La population rurale de l'Inde, par exemple, s'inquiète en permanence de ses récoltes. Si les pluies sont en retard ou absentes, la production de riz en souffre ; si le temps est trop froid ou pas assez froid, cela affecte les cultures d'hiver. Il faut libérer le peuple de tous ces stress et inquiétudes. On peut y arriver en leur fournissant des commodités extra-naturelles que l'on peut développer artificiellement grâce à la science et à la technologie. Par exemple, de meilleures techniques agricoles et la construction de petits barrages pour préserver l'eau et faciliter l'irrigation peuvent soulager les populations rurales pauvres de leurs stress et contraintes. Même des techniques simples peuvent améliorer les rendements : par exemple, si on laisse se répandre dans un champ de moutarde de la fumée provenant d'un feu de copeaux de bois, les plantes de moutarde fleurissent immédiatement et donnent une meilleure récolte. Nous devons fournir au peuple, et des commodités naturelles, et des commodités extra-naturelles, en fonction des possibilités physiques, psychiques et techniques de l'État. Cette manière de faire assu-

---

[1] *Suvidhá* (*su-vidh-* + *ac* et *tá,* opérateurs suffixaux) désigne l'aliment désiré, *kuvidhá* l'aliment non souhaité.

rera aux êtres humains l'obtention de suffisamment de commodités pour une vie satisfaisante et agréable.

Il faut garantir à tout être humain ses besoins minimums et lui fournir le maximum de commodités compte tenu de la situation, c'est-à-dire de l'environnement existant. Vous devez satisfaire les aspirations physiques et psychiques – les attentes d'aliments physiques ou psychiques – en fonction des conditions présentes. Il faut donc garantir à tous le maximum de commodités que permettent les conditions existantes[1], autrement dit la situation temporelle, topographique, géographique, sociale, psychique, etc.

Une époque s'achèvera, une autre viendra et les désirs humains changeront. À une période, la norme est un certain type de petit-déjeuner et à la période suivante, le même petit déjeuner est considéré comme inférieur à la normale. Aujourd'hui les gens mangent du pain et du beurre mais conformément à la norme de l'époque suivante, les gens mangeront peut-être du riz frit ou du riz au lait.

Il faut ainsi garantir le maximum de commodités de la vie à toutes les personnes et rehausser continuellement son niveau.

La quantité de commodités disponibles continuera de croître avec le progrès humain. Les êtres humains vont de l'avant et cela entraîne une augmentation de leur besoin d'aliments psycho-physiques. Le minimum nécessaire de l'époque doit être garanti à tous, comme le maximum de commodités de l'époque. Il faut fournir, dans l'environnement actuel, le plus possible de commodités.

---

[1] *« Environmental conditions »* : quelle est la différence entre les concepts [anglais] de *« surroundings »*, d'*« atmosphere »* et d'*« environment »* ? *« Surrounding »* désigne toute chose physique – directement physique ou psycho-physique – alentour. *« Atmosphere »* désigne l'état ou la nature des différentes manifestations du milieu *(surroundings)*, comme l'eau, l'air, la pression atmosphérique, la température, etc. *« Environment »* désigne ce [qui affecte] les êtres inanimés comme animés, qui détermine leurs caractéristiques.

Peut-on répondre pleinement à l'aspiration de l'être humain ? Sa faim peut-elle entièrement s'assouvir ? Pourquoi le désir humain ne connaît-il pas de limites ? Nous nous éloignons maintenant de la TUP pour entrer dans la psycho-philosophie. La soif humaine ne peut pas s'étancher dans ce monde relatif. L'être humain est l'enfant du Créateur suprême, c'est pourquoi sa soif est sans limites. Toutes les qualités de l'Être suprême sont cachées en l'être humain et non seulement en lui mais en chaque entité de cet univers exprimé. La soif physique, la soif psychique et la soif spirituelle peuvent-elles s'étancher ? Seule le peut la soif spirituelle : en unifiant son individualité à l'Incommensurable, on peut combler son aspiration spirituelle. Le corps physique, lui, a ses limites, il fonctionne à l'intérieur de frontières très strictes. Le psychisme, pour sa part, a un champ beaucoup plus étendu mais il n'en est pas moins limité.

Favoriser le futur progrès humain

Chaque système a ses avantages et ses inconvénients. L'inconvénient de ce système est qu'avec la vie qui se fait toujours plus facile, les capacités physiques de l'être humain se détériorent progressivement. Dans l'ancien temps, les gens marchaient de longues distances pieds nus, une simple étoffe pour tout vêtement, alors que de nos jours les gens sortent rarement sans chaussures ou même sans provisions. C'est un fait que la force humaine déclinera dans l'avenir mais, avec le progrès de la société, nous n'avons d'autre choix que d'accepter cette situation. Le jour viendra où la vue et les os du corps humain s'affaibliront. Presque tout le monde portera des lunettes et des fausses dents. Dans l'avenir, la structure des êtres humains connaîtra des changements radicaux. L'intelligence humaine s'intensifiera, le crâne deviendra plus gros et le système nerveux plus complexe. Ces changements ne toucheront pas seulement les êtres humains ; les animaux et les plantes connaîtront des changements similaires.

L'éléphant africain a un gros corps et une petite tête et ne se domestique pas facilement. En comparaison, l'éléphant d'Asie a un petit corps et une grosse tête. Il est plus intelligent et se laisse facilement domestiquer.

Avec la vie qui se fait toujours plus facile, les possibilités d'activités intellectuelles se multiplient. Un jour viendra où l'être humain n'aura pratiquement plus besoin de travailler. Cela peut sembler étrange aujourd'hui et il se peut que nous n'aimions pas entendre cela mais ce jour arrivera certainement. Les intérêts physiques se changeront de plus en plus en préoccupations intellectuelles et cette intellectualité se transformera, culminant en spiritualité.

Le mot d'ordre de la TUP est d'avancer des préoccupations physiques à celles intellectuelles. Ce mouvement est le plus indissociable de la vie humaine, le plus indissociable de la destinée humaine.

Ce type de mouvement, vers l'intellectualité, se produira aussi chez certaines espèces animales, comme les chiens, les singes et les vaches. Il est possible que dans mille ans les singes en soient au stade de l'évolution qui est à présent celui de l'être humain. À cette période, les êtres humains feront d'énormes progrès dans les domaines de l'intellectualité et de l'intuition. Les humains de cet âge futur seront très sensibles. Les nerfs sensitifs seront plus actifs que les nerfs moteurs et les expériences subtiles seront plus courantes qu'elles ne le sont aujourd'hui. Ces expériences sont maintenant rares chez l'être humain mais dans le futur elles surviendront naturellement et spontanément. Le domaine fonctionnel du cerveau s'étendra également. De même, de nombreux animaux deviendront plus sensibles et verront leur vocabulaire augmenter : avec le développement intellectuel, le vocabulaire [de chaque individu] s'accroît tout comme le nombre de mots de la langue. Le domaine fonctionnel du cerveau des animaux s'étendra également.

À l'aide des pratiques spirituelles, l'être humain du futur élargira le domaine fonctionnel de son cerveau à un rythme accéléré. Certains pensent qu'ils ne peuvent pas faire de rapides progrès spirituels si la taille de leur cerveau et donc celle de leur crâne n'augmente pas. Mais ce n'est pas le cas car l'être humain peut élargir le champ d'action de sa pensée.

Aujourd'hui, l'être humain progresse dans le domaine de l'intellectualité. Pour atteindre le sommet de la spiritualité, les humains du présent devront faire face à moins d'obstacles que les chercheurs du passé tels les révérés sages Vishwamitra, Agastya, etc. Le développement des glandes [endocrines] et la quantité des sécrétions hormonales sont beaucoup plus importants qu'il y a cent mille ans, et dans les cent mille années à venir les glandes se développeront et augmenteront encore beaucoup leur sécrétion. Dans cent mille ans, les humains concevront des choses qui sont au-delà de ce que peut concevoir l'être humain d'aujourd'hui. Des changements de cet ordre se produiront dans le champ social et économique de la TUP.

Au fur et à mesure que l'homme progresse dans son évolution, il comprend de plus en plus qu'il est plus psychique que physique. L'être humain est en fait une machine psychophysique. Avec les modifications psychiques, surviennent aussi des changements physiques. Les humains du futur trouveront l'apparence de l'être humain d'aujourd'hui étrange. De même, cela troublerait les humains d'aujourd'hui s'ils pouvaient voir à quoi ressemblera l'homme du futur.

Un jour, la structure physique et psychique de l'être humain deviendra divine. Il se peut que les êtres humains n'aiment plus ce monde terrestre, qu'ils perdent leur fascination pour ce monde transitoire, qu'ils pensent qu'il est mieux de se fondre en Dieu et de quitter le monde définitivement. Cette transformation psychologique humaine se fera par l'entremise des pratiques spirituelles.

Conformément à la psychologie humaine, les gens n'aiment pas beaucoup penser à l'avenir. Ils préfèrent s'attarder sur le passé. La raison en est que le futur peut ne pas se dérouler selon leurs plans et il est donc toujours incertain de spéculer sur l'avenir.

Je conseille par conséquent à chaque être humain de s'efforcer durant sa vie de bien se construire, de se construire de façon complète[1], mais pas uniquement de se construire, de construire aussi de même la société humaine. Pour y arriver, il vous faut faire appel à la TUP.

La TUP garantit l'accès progressiste au maximum de commodités, satisfaisant les besoins physiques. Ceux-ci satisfaits, moins d'obstacles physiques viendront entraver le progrès humain. Les êtres humains connaîtront alors un développement général, particulièrement sur le plan intellectuel. L'être humain aura la possibilité de se développer intellectuellement sans le moindre obstacle.

La réalité de l'humanité, ce qu'elle est véritablement, se révélera de plus en plus dans différents domaines d'expression. C'est pourquoi je dis qu'on doit garantir à chaque être humain ses besoins minimums et un maximum d'éléments de confort et que ces deux garanties doivent continuellement s'accroître. Ces éléments de confort doivent être bons pour le développement physique et le développement psychique de l'être humain, ou au moins pour l'un des deux.

Une conception néohumaniste de l'économie

Tout objet physique est, comme vous le savez, limité. C'est pour cela que la pensée court constamment d'une chose à l'autre. Ce processus se renouvelle à l'infini. Dans le domaine de l'intuition [le monde spirituel], c'est, à l'inverse, le but qui est illimité. Quand l'aspirant pénètre dans ce monde, ses envies,

---

[1] Physiquement, mentalement et spirituellement. (ndt)

ses désirs, sont entièrement satisfaits. C'est donc le plan spirituel qui est supérieur mais, comme il est infini, l'être humain
n'en a pas la maîtrise. Le royaume physique est, lui, fini, l'être
humain peut donc accroître sa maîtrise sur ce domaine. Y parvenir est un processus sans fin, c'est une entreprise qui comporte d'infinies permutations et combinaisons, empêchant constamment que la faim latente en l'être humain s'assouvisse sur
ce plan. Sa quête ne peut qu'au mieux l'amener au seuil de la
spiritualité.

Dans son avancée vers le monde spirituel, l'être humain
peut s'appuyer d'un côté sur la TUP, qui lui garantit ses besoins
minimums et un maximum d'éléments de confort, et de l'autre
sur la conception néohumaniste[1] qui met un terme aux inégalités. Ces deux manières de faire facilitent le progrès et l'élévation de l'être humain. Il avance alors jusqu'à l'unification de sa
faculté existentielle à Dieu.

La TUP arrive jusqu'au seuil du monde spirituel tout en
réduisant les obstacles de la vie quotidienne. Par exemple, de
nombreux banlieusards doivent partir de chez eux à six heures
du matin et revenir à dix heures du soir simplement pour assurer leurs besoins minima. La TUP garantira ses besoins minimums à toute personne, allégeant ainsi son fardeau quotidien.

Le Nouvel humanisme arrive, lui aussi, jusqu'au seuil du
monde spirituel. Il permet à la faculté existentielle [humaine]
d'atteindre à son état d'apogée. Le Nouvel humanisme conduira
à l'égalité sur le plan social et éliminera toutes les formes
d'inégalités, accélérant grandement le progrès humain.

Quand la TUP et le Nouvel humanisme seront établis, la
conquête de Dieu éclairera toute l'existence humaine.

Le monde avance avec ses qualités et ses défauts. Le progrès est un mouvement de l'imperfection vers la perfection.
Dans les mondes physique et psychique, le progrès est constant

---

[1] Lire p. 206. (ndt)

mais, parce que dans ces mondes tout est limité, l'être humain reste sur sa faim. Tandis qu'au point culminant du monde spirituel, l'homme assouvit complètement toutes ses aspirations. Pour satisfaire les désirs humains aux niveaux physique et psychique, il y a la TUP et le Nouvel humanisme. Mais comment répondre à l'aspiration humaine dans le plus subtil des mondes ? Nous avons pour cela la philosophie d'Ánanda Márga. En franchissant l'orée du monde spirituel, on sort du champ de la TUP mais on est toujours dans celui de la philosophie d'Ánanda Márga[1]. Notre idéologie est un mélange harmonieux de rationalité et de spiritualité.

Les besoins humains de l'époque doivent être garantis. Il faut régulièrement augmenter les besoins minimums en fonction de la norme humaine physique et psychique et des changements climatiques, de l'environnement, etc. Les besoins minimums doivent donc être régulièrement réévalués en prenant en compte l'étendue des situations sociales humaines.

Les êtres humains d'aujourd'hui pensent plus à leurs propres besoins minimums qu'à ceux des animaux et des plantes. Un jour viendra où l'on intégrera certains des animaux, sinon tous, dans notre société. À présent, nous disons que chaque être humain recevra le minimum nécessaire. Demain, nous dirons que le minimum nécessaire inclura aussi les besoins des chiens, des vaches, des singes, etc. Il est important de produire toujours plus pour couvrir tous ces besoins.

La terre n'est pas seulement pour les êtres humains, elle est aussi pour les autres êtres vivants. Nous devrons donc faire quelque chose pour eux. Nous devrions fournir le minimum nécessaire et le maximum de commodités aux animaux aussi. Aujourd'hui, les vaches, les chiens et les singes se développent ; demain, un nombre croissant d'animaux entrera dans

---

[1] Voir les ouvrages spirituels de l'auteur (cf. p. 218) (édités sous le nom de *shrii shrii* Ánandamúrti). (ndt)

cette catégorie. Les animaux développeront aussi de l'attrait pour certaines nourritures psycho-physiques et l'on devra donc leur garantir le minimum nécessaire et un maximum de commodités. Nous devrons aussi faire quelque chose pour eux. C'est l'exigence du Nouvel humanisme, des idées néohumanistes. C'est à la TUP de répondre à cette demande.

Les nourritures psychiques humaines augmenteront également, s'adaptant à l'accroissement des champs existentiel et d'action humains. Avec cette multiplication des désirs pour des nourritures psychophysiques, il faut que tous aient un maximum de commodités. Il faut augmenter ces commodités au profit de tout l'ordre social. Ce progrès ne doit pas s'arrêter ni même s'interrompre, ne serait-ce qu'un peu.

Le progrès est un processus sans fin. Les objets de la pensée sont, de même, infinis. Il nous faut le comprendre. La marche du progrès, non seulement humain mais des mondes physique et psychique en général, ne peut s'interrompre. Le géosentiment[1] mourra, le socio-sentiment[2] disparaîtra et on viendra à bout du sentiment socio-économique. Arrivera finalement le jour où dominera la bonté. Le jour viendra où les êtres humains auront un maximum d'éléments de confort, ils atteindront alors leur zénith. Mais ce maximum d'éléments de confort fourni représente-t-il l'apogée du service ? On peut le considérer comme tel, cependant ce maximum d'éléments de confort change en fonction des circonstances. Il faut donc traiter le maximum d'éléments de confort fourni comme une apogée relative et non absolue. On doit ainsi garantir, en fonction des circonstances, un maximum d'éléments de confort et d'équipements et l'augmenter continuellement. Nous devons communiquer cette idée aux masses et les encourager à soutenir notre noble mission.

---

[1] Ou géocentrisme, le sentiment d'attachement exclusif à son sol (voir *Libérer l'intellect : le Nouvel Humanisme*, de l'auteur) (ndt)
[2] Ou sociocentrisme, le sentiment d'attachement exclusif à son groupe social (*ibidem*) (ndt)

Chaque fois que nous voulons mettre en pratique une théorie, nous devrions bien nous situer dans le présent, puis mettre en pratique la théorie. La consigne de Shiva était de progresser en accord avec la réalité présente. Tel était son enseignement. Le marxisme viola complètement ce principe fondamental, ce qui explique pourquoi le marxisme a éclaté sous l'effet des circonstances présentes.

L'illusion de mon rêve s'est dissipée,
La corde de ma lyre s'est brisée ! (*Bheuṇge geche mor svapnera ghor, Chiṇře geche mor viiñára tár.*)

Prenons une lampe brillante. Les insectes se précipitent sur elle par centaines ou milliers et se brûlent. Le communisme était comme une lampe brillante. Les marxistes bâtirent des châteaux en Espagne. Ils firent de nombreux grands discours, mais ne pensèrent jamais à l'application pratique de leur approche socio-économique. Ils tuèrent de nombreux innocents et en envoyèrent une multitude d'autres dans des camps de concentration au nom de cette prétendue idéologie. Staline tua des centaines de milliers de gens au lieu de les aider en fournissant à tous les biens nécessaires. Il élimina tant de personnes au nom du bien des masses. Ce n'est pas de l'humanisme. Les gens ont aujourd'hui flanqué le communisme à la porte. En Chine, le peuple a récemment réclamé des « libertés de base ». Cette demande fut considérée comme illégale et on écrasa ses auteurs. Les gens ne sont-ils pas pleinement en droit de demander des libertés de base ?!

La TUP indique tout ce qui est possible d'un point de vue réaliste. Le marxisme imagina un monde impossible et encouragea le peuple à caresser une chimère, ce que la TUP n'a pas fait et ne fera pas. Elle fera ce qui est possible et réaliste.

Si les gens ordinaires et les gens méritants sont traités de la même façon, cela n'encourage pas les gens compétents à développer leur plus grand potentiel. C'est la raison pour laquelle l'Inde connaît une fuite des cerveaux. Lorsque les talents quittent l'Inde, ils le font pour de bon. Si l'on fournit à ceux qui jouissent de capacités exceptionnelles des équipements exceptionnels, on peut arrêter l'exode des cerveaux.

Ce que propose la TUP, est de garantir à tous leurs besoins minimums, de garantir à tous un maximum d'éléments de confort et de garantir aux gens dotés de talents particuliers des équipements particuliers. Cette façon de faire assurera une constante accélération dans la sphère socio-économique. Il n'est pas question de rester à la traîne, ni même de garder une vitesse constante, il doit y avoir accélération. L'accélération est l'esprit même de la vie, l'esprit même de l'existence. Qu'on ne soit pas un génie, qu'on ne soit qu'un membre ordinaire du public, qu'on ne soit pas bien accepté ou respecté de tous, même dans ces cas, l'on recevra le minimum nécessaire et un maximum d'éléments de confort sans cesse augmenté en fonction de l'environnement et de la demande du moment.

Quelle est alors la portée de cette nouvelle manière de faire ?

1) Le minimum nécessaire doit être garanti à tous.

2) Les personnes compétentes doivent être assurées de pouvoir avoir accès à des équipements et facilités particulières. Ces facilités particulières sont à offrir aux personnes d'importance, en fonction de la situation du moment à cet endroit-là.

3) Un maximum de commodités sera garanti à tous, même à ceux qui n'ont pas de qualités particulières : aux gens ordinaires. Ces éléments de confort devront être garantis à tous et dépendre des circonstances du moment ; ces facilités s'adressent aux personnes ordinaires, au peuple, prétendument de basse extraction.

4) Les trois points ci-dessus sont des processus sans fin et feront l'objet de réévaluations régulières compte tenu des possibilités collectives.

Cette addition à notre philosophie est peut-être petite, mais elle est de nature, de caractère, progressiste. Elle a des implications considérables pour l'avenir. J'espère que vous comprendrez son impact et tout son potentiel.

Calcutta, le 13 octobre 1989

Le point de vue politique

Pour une démocratie compartimentée

Les premiers enfants humains naquirent il y a un million d'années mais ne trouvèrent pas cette terre hospitalière. À cette époque, la nature était extrêmement cruelle et ils devaient faire appel à toutes leurs forces pour se protéger de ses rigueurs. Cette période, ou cette société primitive, fut qualifiée de « prolétaire » *(shúdra)*.

Dans cette période de combat, dans cette société où seule comptait la force physique, en ces temps reculés, le principe qui régnait en maître était « la force fait loi ». Les nouveaux venus découvrirent que toutes ces forces leur étaient hostiles et qu'ils n'étaient pas capables de les combattre seuls. C'est pourquoi ils formèrent des groupes pour les combattre ensemble. Durant l'ère de la force physique, le plus fort devenait le chef du groupe. Se forma ainsi sur terre une société guerrière *(kṣatriya)* et la monarchie vit le jour. La prétendue « société » prolétarienne *(shúdra)* n'était pas du tout solide. Un ordre social plus fort se forma durant la période monarchique.

Cette ère guerrière *(kṣatriya)* fut suivie d'une ère intellectuelle ou *vipra*. Au cours de la période monarchique, les intellectuels acquirent, grâce à leur intelligence, plus de pouvoir et il s'établit, sous l'apparence de la monarchie, une société ecclésiastique. Le pouvoir social passa donc aux mains des prêtres. Tant que la monarchie était irréprochable, personne ne s'y opposa, mais quand les prêtres exploitèrent la société au nom de la religion, les gens perdirent patience et une révolution advint. Le résultat de cette révolution fut l'établissement de la démocratie.

Selon la définition en vigueur aujourd'hui, la démocratie est le gouvernement du peuple ; par le peuple et pour le peuple.

Le suffrage universel joue un rôle important dans la démocratie. Pour former un gouvernement démocratique, différents partis politiques et communautaires se portent candidats à l'élection. Chaque parti publie son propre programme pour influer sur les gens de sorte à gagner la bataille électorale qui s'ensuit. De plus, des partis font de fausses promesses aux électeurs dans leur propagande électorale. Là où il y a une majorité de gens instruits et une bonne conscience politique, il n'est pas très difficile aux gens de peser le pour et le contre du programme d'un parti et de s'assurer qu'il sert l'intérêt général. Mais là où il y a un manque d'éducation et de conscience politique, et où les gens ne parviennent pas à comprendre à quoi correspond en réalité ce programme, ils sont influencés par la propagande trompeuse et donnent leurs voix à des partis dont les idéaux vont à l'encontre de l'intérêt social. On en arrive ainsi à installer au pouvoir des partis qui s'opposent à l'intérêt du peuple.

Dans le système démocratique actuel, le droit de vote dépend de l'âge. Supposons que le droit de vote s'obtienne à l'âge de vingt et un ans. Ce qui est présumé est que tous ceux atteignant l'âge de vingt et un ans ont une bonne compréhension des grands problèmes sociaux. En réalité, de nombreuses personnes au-dessus de cet âge sont ignorantes de ces problèmes par manque de conscience politique. Il ne faudrait donc pas fonder le droit de vote sur l'âge. On devrait accorder ce droit aux personnes instruites et conscientes politiquement. Donner le droit de vote en fonction de l'âge, c'est permettre à des gens dénués d'une bonne compréhension et d'une bonne connaissance de voter, et exclure du processus électoral de nombreuses personnes instruites et conscientes politiquement en raison de leur âge. C'est le point le plus faible de la démocratie.

Le deuxième point faible est que, dans le système démocratique, les gens doivent écouter d'interminables discours sans substance qui sont la plupart du temps mensongers. Les dirigeants doivent solliciter les voix de tout le monde pour obtenir des suffrages. Ils doivent apaiser les voleurs, les bandits et les hypocrites[1] parce que ces derniers ont beaucoup de poids électoral. C'est pourquoi la démocratie est le gouvernement des voleurs, des bandits et des hypocrites. Le gouvernement ne peut prendre des mesures contre eux parce qu'un gouvernement qui s'attaquerait à leurs viles activités ne durerait pas longtemps.

Dans un gouvernement démocratique, un parti peut obtenir plus de la moitié des sièges à pourvoir aux élections alors qu'il n'a obtenu en tout que moins de la moitié des suffrages. Dans cette situation, le gouvernement est défini comme celui d'un parti majoritaire alors que c'est en fait le gouvernement d'un parti minoritaire. C'est ce parti qui forme le gouvernement, et les opinions des autres partis ne sont donc pas respectées par le corps législatif. Bien que tous les partis participent au vote des lois, les lois sont adoptées selon le souhait du parti majoritaire. Quand un parti contrôle le corps législatif, les lois adoptées avantagent souvent le parti concerné mais pas l'ensemble de la population.

Le gouvernement étant l'émanation d'un certain parti, cela nuit à l'indépendance des fonctionnaires. Les membres et dirigeants du parti au pouvoir interfèrent avec l'exécutif et le forcent à suivre la ligne du parti. Le travail ainsi accompli sous la contrainte profite à un certain parti mais nuit aux intérêts du peuple. Dans le système démocratique, les fonctionnaires ne peuvent pas s'opposer aux souhaits des membres du gouvernement puisqu'ils sont sous l'autorité d'un ministre du gouvernement.

Dans les prétendues démocraties, même le pouvoir judiciaire ne peut fonctionner indépendamment parce que le parti

---

[1] Les menteurs, les ingrats, ceux qui ne tiennent pas parole, les traîtres et les calomniateurs. (voir p. 214) (ndt)

au pouvoir fait pression sur les juges et les magistrats. On y rend parfois des jugements contraires à la justice.

L'indépendance d'une Cour des Comptes[1] est, elle aussi, indispensable au bon fonctionnement des Finances publiques. Malheureusement, en raison de la pression du parti au pouvoir, elle n'arrive souvent pas à fonctionner en toute indépendance. Le manque d'une juste vérification des comptes entraîne le gaspillage et le détournement des fonds publics. Le développement de la nation ne peut pas être mené à bien.

Un gouvernement doit gouverner et servir le peuple, mais ceci n'est pas possible dans un système démocratique car qui doit-il gouverner ? Le public, qu'il apaise pour gagner des votes, ce qui rend ces prétendus dirigeants indignes de diriger. Ces prétendus dirigeants sont de plus eux-mêmes des exploiteurs hypocrites, incompétents et immoraux sinon comment pourraient-ils se faire élire ? Ils ont recours à des stratégies détournées et au pouvoir de l'argent. C'est pourquoi il n'y a personne pour diriger de manière louable. Les problèmes du peuple ne sont pas pris au sérieux dans une démocratie. Dans ce système, le parti et les dirigeants se servent eux-mêmes de toutes les manières possibles.

Il est donc parfaitement clair que la forme démocratique de gouvernement a de nombreux points faibles. Si l'on n'y remédie pas, on ne pourra pas bien administrer un pays.

Parlons maintenant des réformes [nécessaires] à la démocratie.

La démocratie ne peut pas réussir dans les pays dont les habitants sont analphabètes, immoraux ou arriérés. Des pays comme l'Angleterre, les États-Unis d'Amérique et la France conviennent à la démocratie, bien que même ces pays aient besoin d'introduire quelques réformes.

---

[1] Le département de l'« audit », qui contrôle les comptes de l'État. (ndt)

On doit tout d'abord élire les législateurs, que ce soit au niveau des États ou de l'Union, sur les recommandations de l'ensemble de la population. Au moment d'élire leurs représentants, les gens doivent tenir compte de leur niveau d'instruction, de leurs qualités morales, de leurs sacrifices pour la société, etc. Si l'on élit ses représentants avec ces éléments à l'esprit, ils ne seront pas guidés par des intérêts partisans mais par l'intérêt commun. Ils seront mus par les intérêts de toute la société humaine et non par des intérêts de classe. Ils pourront voter des lois avec les problèmes de tout le monde à l'esprit, accélérant ainsi la reconstruction sociale. Leur service impartial sera une source de bonheur pour tous.

Le droit de vote doit être réservé aux personnes instruites qui ont une conscience politique et une connaissance des problèmes sociaux. L'âge ne doit pas constituer un obstacle au droit de vote. Accorder le droit de vote aux personnes illettrées rend possible l'élection de représentants antisociaux et incompétents.

Pour créer une atmosphère de courage et d'indépendance dans l'administration, il faut éviter que les ministères reçoivent des pressions du gouvernement. L'équipe gouvernementale devrait se limiter à la promulgation des lois, au vote du budget, à la mise en œuvre de ses plans et politiques, à la défense, etc. Le pouvoir des ministres devrait se limiter au parlement et ils ne devraient pas se mêler, à tort, du fonctionnement des ministères. Il faudrait un chef de l'exécutif qui ne serait pas subordonné au président ou au premier ministre[1] mais qui devrait agir de façon indépendante et sous la direction duquel devraient travailler les dirigeants des ministères. Libéré des pressions de l'équipe gouvernementale, chaque ministère sera à même d'assurer correctement sa mission.

---

[1] Selon le régime politique : parlementaire ou présidentiel. (En France le régime est plus ou moins mixte – voir note p. 214) (ndt)

Dans le système actuel, le judiciaire opère sous l'autorité d'un membre de l'équipe gouvernementale et des pressions de la part de ce membre de l'équipe gouvernementale peuvent affecter son indépendance. Pour éliminer ce défaut et garantir une justice impartiale, on doit autoriser le judiciaire à travailler de façon autonome. Il ne faut en aucune façon traiter le Chef de la Justice[1] comme inférieur au président ou premier ministre. Seuls des moralistes et d'honnêtes personnes doivent occuper le siège sacré de la justice. Si l'on n'est pas suffisamment vigilant sur ce point, l'injustice remplacera la justice.

Pour terminer, pour une juste utilisation des fonds publics et s'assurer que chaque centime sert à la construction de la nation, il est extrêmement important que la Cour des comptes [(la branche d'audit)] aussi soit indépendante. Le président de la Cour des comptes[2] doit être indépendant du président [de la nation]. Seule l'indépendance du président de la Cour des comptes peut garantir que cette branche pourra vérifier sans crainte les comptes de chaque autre branche. La Cour des comptes doit donc être une branche administrative du gouvernement, distincte et indépendante du parti majoritaire.

Il faut donner aux quatre branches mentionnées ci-dessus [la législative (les parlementaires et les ministres), l'exécutive (les ministères), la judiciaire et celle d'audit (la Cour des comptes)] les moyens de fonctionner en toute indépendance. Il y aura donc quatre compartiments et aucun d'entre eux ne sera subordonné à un autre. Même dans ce cas, des possibilités d'injustice et d'exploitation existent. C'est pourquoi, pour superviser et suivre de près le fonctionnement de toutes ces branches, la

---

[1] En France, c'est le « Garde des sceaux », qui est actuellement aussi un ministre du gouvernement.
[2] *« auditor general ».* Cette indépendance est effective en France actuellement avec l'inamovibilité du Premier président de la Cour des Comptes. (ndt)

bienveillante dictature d'un conseil de véritables sages *(sadvi-pra)* est nécessaire pour que la spiritualité règne en souveraine.

Bettiah, Bihâr, le 17 juillet 1961

La démocratie économique

Presque tous les pays du monde sont passés, aujourd'hui, à une structure de type démocratique. Une démocratie libérale a été établie dans des pays comme les États-Unis, la Grande-Bretagne, la France et le Canada tandis qu'en Union soviétique, en Chine, au Vietnam et en Europe de l'Est c'est la démocratie socialiste qui est le système dominant. La vie des populations n'est pas aussi misérable dans les pays de démocratie (ou de prétendue démocratie) libérale qu'elle l'est dans les pays communistes parce que, dans les pays communistes, le système politique et économique est imposé à la société par les dirigeants du parti, causant d'indicibles souffrances humaines et une sévère exploitation psycho-économique. On peut considérer la démocratie libérale et la démocratie socialiste comme des formes de démocratie politique car ces systèmes se fondent sur la centralisation économique et politique.

La démocratie politique

Dans tous les pays où la démocratie est aujourd'hui en vogue, on a trompé les populations en leur faisant croire qu'il n'y a pas de meilleur système que la démocratie politique. La démocratie politique a sans nul doute accordé le droit de vote mais elle a confisqué le droit à l'égalité économique. De ce fait, la société connaît de choquantes disparités économiques entre les riches et les pauvres, d'immenses inégalités de pouvoir d'achat, un chômage endémique, des pénuries alimentaires chroniques, la pauvreté et l'insécurité. En Inde aussi, la démocratie pratiquée est politique et s'est avérée être un exceptionnel système d'exploitation. La constitution indienne fut créée par trois groupes d'exploiteurs : les impérialistes britanniques, les impérialistes indiens et les partis au pouvoir représentant les capitalistes indiens. Toutes les clauses de la constitution indienne furent rédigées avec en vue les intérêts de ces opportunistes. Dans le seul but de duper les masses, on leur accorda le droit au suffrage universel. Des millions d'indiens sont indigents, superstitieux et analphabètes, cela n'empêche pas les exploiteurs de toujours gagner l'électorat à leur cause, grâce à de fausses promesses, des intimidations, des abus massifs de pouvoir administratif, des élections truquées, etc. C'est la farce de la démocratie. Une fois qu'ils ont formé leur gouvernement, ils ont mille occasions de s'adonner à la corruption et à la tyrannie politique pendant cinq ans. Aux élections suivantes – qu'elles soient de niveau régional ou de niveau national – la même absurdité se répète.

C'est ce type d'opportunisme politique qui a cours en Inde depuis l'Indépendance. Durant les trente-cinq dernières années, les partis politiques ont soutenu que pour atteindre la parité économique avec les pays industriellement développés, l'Inde devait suivre le système démocratique. Ils citent pour renforcer leur thèse, les exemples des États-Unis et de la Grande-Bretagne [les comparant à] la Chine et à l'Union soviétique. Les dirigeants politiques demandent à l'électorat de voter en leur faveur le jour de l'élection pour que les masses affamées du pays puissent enfin récolter les bénéfices d'une économie développée. Mais une fois l'élection passée, l'exploitation des gens du peuple se poursuit sans relâche sous l'habit de la démocratie politique et les autres domaines de la vie sociale sont complètement négligés. Aujourd'hui, des millions de citoyens indiens n'ont pas accès aux nécessités de base et luttent pour se procurer nourriture, vêtements, logement, éducation et soins médicaux, tandis qu'une poignée d'individus se vautrent dans la richesse et le luxe.

L'un des défauts les plus évidents de la démocratie est que le vote se fonde sur le suffrage universel. Autrement dit, le droit de vote dépend de l'âge des personnes. Une fois que les gens atteignent un certain âge, on présume qu'ils ont la capacité de peser le pour et le contre des différentes questions abordées dans une élection et de sélectionner le meilleur candidat. Mais nombreux sont ceux en âge de voter qui ne portent que peu ou pas d'intérêt aux élections et sont peu versés dans les questions sociales ou économiques. Dans de nombreux cas, ils votent pour le parti plutôt que pour le candidat, et se laissent influencer par la propagande électorale ou les fausses promesses des politiciens. Il est fréquent que des personnes qui ne sont pas en âge de voter soient plus capables de sélectionner le meilleur candidat que celles autorisées à voter. L'âge ne doit donc pas être le critère d'attribution du droit de vote.

Le succès ou l'échec d'un candidat à une élection dépend généralement du parti auquel il est affilié, des autorités politiques qui le patronnent et des sommes investies dans la campagne. Dans certains cas, il dépend aussi du recours ou non à certaines pratiques antisociales. Partout dans le monde, l'argent joue un rôle majeur dans le processus électoral et, dans presque tous les cas, seuls ceux qui sont riches et puissants peuvent espérer obtenir la position de représentant élu. Dans les pays où le vote n'est pas obligatoire, souvent seul un petit pourcentage de la population participe au processus électoral.

Les conditions du succès d'une démocratie sont la moralité, l'éducation et la conscience socio-économico-politique. Les dirigeants, tout particulièrement, doivent être des personnes de haute moralité car c'est toute la société qui en pâtit dans le cas contraire. On voit qu'aujourd'hui ce sont les individus de moralité douteuse, ou qui ont des intérêts à défendre, qui se font élire au pouvoir dans la plupart des démocraties. Même des bandits et des meurtriers se présentent aux élections et forment un gouvernement.

Dans presque tous les pays du monde, les masses manquent de conscience politique. Les politiciens fourbes et érudits exploitent ce défaut pour embrouiller les gens et arriver au pouvoir. Ils ont recours à des pratiques immorales comme la corruption, le truquage d'élection, la confiscation et l'achat de votes, et font campagne sans rencontrer d'opposition. En conséquence de quoi le niveau moral de la société baisse et les gens honnêtes et compétents sont relégués à l'arrière-plan. Les dirigeants moraux ont moins de chance de gagner aux élections parce que les résultats des élections sont manipulés par l'octroi d'incitations monétaires, l'intimidation et la force. Le système démocratique actuel permet à toutes sortes de pratiques immorales et corrompues de pervertir la société. De par sa nature même, le système actuel privilégie les capitalistes et expose l'administration aux forces immorales et corrompues.

On a comparé la farce de la démocratie à un spectacle de marionnettes dont une poignée de politiciens assoiffés de pouvoir tireraient les ficelles dans les coulisses. Dans les démocraties libérales, les capitalistes manipulent les médias – la radio, la télévision, la presse – dans le même temps, dans les démocraties socialistes, les bureaucrates mènent le pays à la ruine. Ces deux formes de démocratie laissent peu d'opportunités à l'émergence de dirigeants honnêtes et compétents dans la société et quasiment aucune possibilité à la libération économique du peuple.

La démocratie politique est devenue un vaste canular pour les peuples du monde. Elle promet l'avènement d'une ère de paix, de prospérité et d'égalité mais crée en réalité des criminels, encourage l'exploitation et jette le peuple dans un abîme de chagrin et de souffrance. Les jours de la démocratie politique sont comptés.

La TUP réclame la démocratie économique, pas la démocratie politique. Pour que la démocratie réussisse, le pouvoir économique doit passer aux mains du peuple et l'on doit garantir à chacun ses besoins minimums. C'est la seule façon de parvenir à la libération économique. Le slogan de la TUP est : « À bas l'exploitation, nous exigeons la démocratie économique, pas la démocratie politique. »

La décentralisation économique

Dans une démocratie économique, les pouvoirs économique et politique sont bien différents ; c'est-à-dire que *la TUP préconise la centralisation politique et la décentralisation économique.* Le pouvoir politique est confié aux moralistes tandis que le pouvoir économique est mis entre les mains des populations locales. Le but principal de l'administration est de résoudre les problèmes pratiques s'opposant à la satisfaction des besoins économiques de la population. Le but universel de la démocratie économique est de garantir les besoins minimums de la vie à tous les membres de la société.

La nature a été assez généreuse pour doter chaque région de la Terre d'abondantes ressources naturelles mais elle n'a pas laissé le mode d'emploi sur la manière de répartir au mieux ces ressources entre les membres de la société. Cette tâche a été laissée à la discrétion et à l'intelligence des êtres humains. Ceux qui sont guidés par la malhonnêteté, l'égoïsme et la mesquinerie détournent ces ressources et les utilisent à leur profit personnel ou à celui de leur groupe et non pour le bien de toute la société.

Les ressources terrestres sont limitées alors que les désirs humains sont illimités. Pour permettre à tous les membres de la société de vivre dans la paix et la prospérité, l'être humain doit donc adopter un système garantissant l'utilisation maximale et la distribution rationnelle de toutes les ressources. Pour y parvenir, les êtres humains devront s'installer dans la moralité puis créer un environnement dans lequel celle-ci peut s'épanouir.

Une économie décentralisée signifie que l'on produit pour la consommation et non pour le profit. Sous le capitalisme, on ne peut pas décentraliser l'économie parce que la production capitaliste s'efforce toujours de maximiser le profit. Les capitalistes produisent invariablement au coût le plus bas pour vendre avec la plus grande marge bénéficiaire possible. Ils préfèrent la production centralisée, or celle-ci conduit à des disparités économiques entre régions et à des déséquilibres dans la distribution démographique. L'économie décentralisée de la TUP, elle, produit pour la consommation et garantira à tous leurs besoins minimums ; toutes les régions pourront développer leur potentiel économique et les problèmes de population migrante ou de surpeuplement des centres urbains seront donc résolus à la source.

Tant qu'un pays n'est pas parvenu à un développement optimal de son industrie et des autres secteurs de l'économie, il ne peut être hautement développé. Si la population travaillant dans l'agriculture représente plus de 30 à 45 % de la population du pays, il y a trop de pression sur la terre. Ce pays ne peut devenir hautement développé et connaître un développement équilibré et décentralisé dans tous les secteurs de l'économie. L'Inde en est un exemple classique, 75 % environ de la population indienne dépend de l'agriculture pour sa subsistance. Dans certaines contrées démocratiques comme le Canada et l'Australie, un large pourcentage de la population travaille dans l'agriculture et, bien que l'on considère ces pays comme développés du point de vue de l'agriculture, ils dépendent de nations industriellement développées car ils sont eux-mêmes sous-développés industriellement. C'est ainsi que le Canada dépend traditionnellement des États-Unis et l'Australie de la Grande-Bretagne. Quant à l'Inde, tant qu'approximativement 75 % de sa population travaillera dans l'agriculture, la détresse économique de ses habitants continuera.

Tout pays confronté à une telle situation a les plus grandes difficultés à remplir ses obligations nationales et internationales. Le pouvoir d'achat des gens continue à décroître pendant que les écarts économiques s'accroissent. L'environnement social économique et politique du pays tout entier dégénère. L'Inde est un parfait exemple de tous ces maux.

La décentralisation économique ne signifie donc pas que la majorité de la population doit dépendre de l'agriculture pour sa subsistance ou que les autres secteurs de l'économie doivent rester sous-développés mais, au contraire, que chaque secteur de l'économie s'efforce à la fois de se développer au maximum et de se décentraliser le plus possible.

Dans tous les pays démocratiques du monde, le pouvoir économique est aux mains d'un petit nombre d'individus ou de groupes. Dans les démocraties libérales, le pouvoir économique est contrôlé par une poignée de capitalistes alors que dans les pays socialistes, le pouvoir économique est entre les mains d'un petit groupe de dirigeants du parti. Dans les deux cas, une poignée d'individus – on peut facilement les compter sur les doigts – contrôle le bien-être économique de toute la société. Si le pouvoir économique est entre les mains du peuple, il en sera fini de la suprématie de ce groupe de dirigeants, ce sera la disparition définitive [de la mainmise] des partis politiques.

Le peuple devra choisir entre démocratie politique et démocratie économique. Autrement dit, il devra décider s'il veut que son système socio-économique repose sur une économie centralisée ou sur une économie décentralisée. Que choisira-t-il ?

La démocratie politique ne peut pas répondre aux espoirs et aspirations du peuple, elle ne peut pas non plus être le fondement sur laquelle construire une société humaine solide et saine. Le seul moyen pour cela est d'instaurer la démocratie économique.

Les éléments nécessaires au succès d'une démocratie économique

Le premier élément nécessaire à la démocratie économique est de **garantir à tous les besoins minimums** correspondant à une époque donnée – ceci comprend l'alimentation, l'habillement, le logement, l'éducation et les soins médicaux. Ce n'est pas qu'un droit individuel, c'est aussi un besoin collectif car il est dans l'intérêt général d'avoir un accès facile à tous les biens essentiels.

Le deuxième élément requis pour la démocratie économique est de **garantir un pouvoir d'achat croissant** à toute personne sans exception. Dans une démocratie économique, les populations locales détiendront le pouvoir économique. Par conséquent, les matières premières locales serviront à promouvoir la prospérité économique des populations locales. Autrement dit, il ne faudrait pas exporter les matières premières d'une communauté socio-économique vers une autre communauté. Au lieu de cela, il faut construire des centres industriels là où les matières premières sont disponibles. Ces industries basées sur des matières premières locales garantiront le plein-emploi à toute la population locale.

Le troisième élément requis pour la démocratie économique est que **le pouvoir décisionnel** en matière **économique** soit **placé entre les mains de la population locale**. La libération économique est le droit de tout un chacun. Pour l'atteindre, il faut investir la population locale du pouvoir économique. Dans une démocratie économique, la population locale aura le pouvoir de prendre toutes les décisions économiques, de produire des biens en fonction des besoins collectifs et de distribuer tous les produits agricoles ou industriels.

Le quatrième élément du succès d'une démocratie économique est d'**empêcher** strictement **les étrangers d'interférer
dans l'économie locale**. On doit mettre fin au drainage du
capital local en empêchant strictement les étrangers ou une
population de passage[1] de participer à tout type d'activités économiques dans la région. Pour le succès de la démocratie économique, il faut appliquer la TUP et améliorer progressivement
le bien-être économique de tous. Il en résultera un accroissement des perspectives d'émancipation spirituelle pour l'être
humain.

Rappelons enfin que la démocratie économique est essentielle non seulement à la libération économique des êtres humains mais au bien-être universel – le bien de tous, y compris
celui des plantes et des animaux. La démocratie économique
concevra les moyens de générer un progrès sans heurt pour la
société en reconnaissant la valeur unique à la fois des humains
et des autres créatures.

Calcutta, juin 1986

---

[1] L'auteur ne s'oppose absolument pas à ce que des étrangers s'installent
dans la région mais à ce que des personnes viennent drainer au profit d'un
autre territoire (une autre communauté), le patrimoine économique d'une
région (voir p. 103 et 143). (ndt)

Les caractéristiques d'une constitution idéale

Les changements dans le cycle sociétal[1] ont conduit la société humaine à développer plusieurs institutions sociales pour s'acquitter de ses fonctions et responsabilités. L'État est l'une de ces institutions vitales ; il organise un groupe de personnes dans un territoire donné, les dirige, promeut leur bien-être et surveille leurs biens. Cette institution est puissante parce qu'elle jouit d'un pouvoir souverain.

Il est dangereux d'accumuler des pouvoirs sans suivre certaines règles et principes de base. Le livre où sont codifiés tous ces règlements, règles et principes pour la bonne conduite d'un État est la constitution. Une constitution guide un État par ses principes, lui indiquant comment servir au mieux la population pour la faire progresser rapidement.

La première constitution écrite fut élaborée par la dynastie *licchavi* de Vaeshali (dans le nord du Bihâr) il y a deux mille cinq cents ans. Avant cela, la parole du roi faisait office de loi et les rois gouvernaient en tenant compte de l'avis de leurs ministres. Les Licchavis créèrent la première république démocratique. Leur République comprenait une partie du Muzzaffarpur, des parties de Begusharai, Samastipur et Hajipur, entre les fleuves Gondaka et Kamala, le tout situé dans l'État actuel du Bihâr [Inde du Nord]. Ce fut le premier État démocratique et il possédait sa propre constitution écrite.

---

[1] Le cycle sociétal désigne le passage successif dans la dominance de la société, des prolétaires, des « guerriers », des intellectuels et religieux, puis des marchands, et ainsi de suite (voir p. 77 et suiv.) (ndt)

Les différentes constitutions

Il n'y a pas de constitution britannique – c'est un ensemble de traditions et de conventions et non un document écrit. La reine ou le roi est le dirigeant théorique. Le pouvoir est assigné à la couronne mais c'est, en pratique, le premier ministre et son gouvernement parlementaire qui l'exercent. Le système français est un gouvernement de type présidentiel[1] où le président nomme le premier ministre et tous les autres ministres [sur proposition du premier ministre]. Les États-Unis ont, de même, un gouvernement de type présidentiel. La France et les États-Unis possèdent une constitution écrite. Aux États-Unis, le président exerce le pouvoir – il dirige le pays – par le biais de secrétaires d'État nommés par le président élu, lui, directement par les électeurs. Contrairement au système français, le système politique des États-Unis ne comporte pas de ministres, seulement des secrétaires. Au Royaume-Uni, lorsqu'il n'y a plus de gouvernement, la Couronne est habilitée à former et diriger un gouvernement intérimaire jusqu'à l'élection du nouveau parlement. En Inde, le président n'a pas de pouvoir et ne peut que signer et approuver sans discussion [les décisions du premier ministre]. Le président indien ne peut même pas diriger un gouvernement intérimaire. Le premier ministre indien peut révoquer le président mais le président ne peut pas révoquer le premier ministre. Malgré la puissance que lui accorde la constitution, le premier ministre n'est pas directement élu par la population. Le premier ministre n'est un élu qu'en tant que membre du parlement ; il est ensuite nommé premier ministre par le parti.

Le gouvernement de type présidentiel des États-Unis est une meilleure forme de gouvernement mais il y a un défaut dans la constitution des États-Unis qui donne trop de place aux droits individuels et qui aboutit au capitalisme effréné [que l'on

---

[1] Dit aussi semi-présidentiel, voir note p. 214 (ndt)

connaît]. L'Inde va maintenant également souffrir de ce même mal qui nourrira le sentiment régionaliste. Un gouvernement idéal devrait réduire les libertés individuelles excessives. La TUP introduira une réglementation sociale protégeant les intérêts collectifs. La constitution des États-Unis ne garantit pas de pouvoir d'achat à sa population. La meilleure forme de gouvernement est un gouvernement présidentiel où le président est élu directement par la population et où la liberté individuelle est comparativement moindre.

Les défauts constitutionnels courants

Toute personne a le droit de se développer physiquement, mentalement et spirituellement. Les constitutions n'ont cependant pas toutes été rédigées pour le bien-être de tous les citoyens. Une constitution doit être équitable et juste. Le moindre parti pris de la part des législateurs en faveur d'un groupe ethnique, linguistique ou religieux peut compromettre l'unité et la solidarité du pays et affecter la paix et la prospérité de toute la société.

Si l'on considère la constitution indienne de ce point de vue, certains de ses défauts apparaissent clairement. Il faudrait à l'Inde une nouvelle constitution pour instaurer l'unité dans la diversité de ce pays plurilingue, multisocial et multinational.

Lors de la rédaction d'une constitution, les législateurs doivent prendre en compte la structure de la population du pays concerné. La population de l'Inde est mélangée, constituée des races austrique, mongole, négroïde et aryenne. Or la constitution indienne, en raison de défauts inhérents, n'a pas aidé à renforcer le lien social, l'héritage culturel, l'égalité et l'unité entre ces races. Elle a au contraire nourri les tendances sécessionnistes dans le pays. La constitution indienne comporte de nombreuses failles économiques et psychologiques.

Les failles économiques [de la constitution indienne] sont entre autres les suivantes :

Premièrement, *rien ne s'oppose à une exploitation capitaliste effrénée.* Cela parce que ceux qui menèrent le combat pour l'Indépendance ne transmirent aucun sentiment économique à la population. Le seul sentiment présent était un sentiment antibritannique. La lutte pour l'Indépendance fut donc simplement un mouvement politique et non un mouvement économique. Après 1947, l'exploitation par les blancs fut remplacée par l'exploitation par des gens de couleur. L'année 1947 n'apporta qu'une liberté politique au sein du capitalisme et non la liberté économique. De ce fait, l'exploitation économique se poursuit aujourd'hui sans opposition.

Deuxièmement, *la constitution ne garantit pas un pouvoir d'achat toujours croissant à tous les citoyens.*

Troisièmement, *le président n'a pas le pouvoir constitutionnel d'intervenir dans les affaires financières ou économiques.* L'économie indienne est contrôlée par un petit nombre de compagnies commerciales, par l'entremise de quelques chambres de commerce. Le président n'a pas le pouvoir constitutionnel de contrôler le niveau des prix ou l'exploitation. Ni le président ni le premier ministre n'en ont le pouvoir.

Quatrièmement, *il n'y a pas de dispositions pour une planification inter-arrondissements du développement socioéconomique.*[1]

Cinquièmement, *il manque un concept clair d'équilibre socio-économique.*

Les failles psychologiques de la constitution [indienne] sont les suivantes :

La première, c'est d'*imposer comme langue nationale une langue régionale.* L'impérialisme du hindi a succédé à l'impérialisme de l'anglais. Le hindi n'est qu'une des nombreuses lan-

---

[1] Voir note 2 p. 126 et p. 136 (ndt)

gues régionales [de l'Inde]. La sélection de l'une de ces langues régionales comme langue officielle heurte les sentiments de ceux qui parlent une autre langue. La conséquence de cette politique linguistique défectueuse est que les gens ne parlant pas le hindi font face à une compétition inégale au niveau national et sont forcés d'utiliser une langue, que ce soit l'anglais ou le hindi, qui n'est pas leur langue maternelle. Ils sont de ce fait considérés comme des citoyens de second rang. On ne doit pas choisir une langue régionale comme langue officielle d'un pays multinational, plurilingue et multiculturel tel que l'Inde. Ce choix heurte les sentiments des gens qui ne parlent pas le hindi. Le hindi n'est qu'une langue régionale comme le tamoul, le télougou ou le toulou. C'est une bonne langue mais on ne doit pas imposer son apprentissage à tous.

L'Inde est un pays laïc contrairement au Pakistan qui est un État musulman et au Népal qui est un État hindou. Il se peut qu'ils puissent imposer une langue à leur peuple mais il ne doit pas en être ainsi en Inde. L'esprit de la laïcité, c'est de fournir à tous les mêmes opportunités et moyens de sorte que chacun puisse se développer pleinement psychiquement, socialement et économiquement.

Lors des discussions au parlement indien sur la question du choix de la langue officielle, l'assemblée constituante était divisée en deux camps égaux. Le président de l'assemblée constituante vota alors de manière décisive en faveur du hindi. C'est ainsi que le hindi devint la langue officielle de l'Inde à une voix près.

Le sanscrit pourrait être la langue nationale de l'Inde. Elle est la grand-mère de presque toutes les langues modernes d'Inde et a une grande influence sur les langues indiennes. Cela peut prendre de cinq à cent ans pour répandre cette langue dans tout le pays. Il sera nécessaire d'utiliser l'écriture latine dans la mesure où le sanscrit n'a pas d'écriture qui lui est propre. Tous les cercles et associations d'Inde comprenant des linguistes doivent se réunir pour prendre une décision sur ce sujet très controversé.

La deuxième faille psychologique est qu'*il y a des inégalités dans la loi*. La constitution indienne proclame que tous sont égaux au regard de la loi. Seulement, ce principe n'est pas respecté en pratique et l'inégalité s'accroît dans le domaine de la loi et de la justice. Ceci affecte négativement les différents groupes du pays. Il y a par exemple des inégalités entre le code hindou et le code musulman. Les femmes hindoues et les femmes musulmanes, bien qu'elles soient toutes des citoyennes de l'Inde, n'ont pas les mêmes avantages face à la loi. Par exemple, conformément à la loi hindoue un homme ne peut pas avoir plus d'une épouse, alors qu'un homme musulman a le droit d'avoir plus d'une épouse. Un mari hindou, ou une épouse hindoue, doit s'adresser au tribunal pour obtenir le divorce alors qu'un musulman peut divorcer de sa femme sans la permission ou l'approbation de la Cour. Qui plus est, un époux musulman peut divorcer de sa femme mais une épouse musulmane ne peut pas divorcer de son mari. En outre, un époux musulman n'est pas tenu de présenter de justification du divorce.

Tous ces problèmes naissent de l'inégalité vis-à-vis de la loi. Tous ces maux ont leur source dans les failles psychologiques de la constitution indienne. Pourquoi la constitution permet-elle au code hindou et au code musulman d'exister simultanément ? Il ne faudrait qu'un seul code : le code indien. Il faut créer un code indien fondé sur les valeurs humaines cardinales et qui adopte une approche universelle et un esprit néo-humaniste. C'est seulement à cette condition que l'on établira en pratique l'égalité devant la loi et que l'on garantira une protection légale identique à tous. La constitution doit donc remédier aux failles psychologiques en supprimant les inégalités de traitement existant face à la loi.

La troisième faille psychologique est qu'*il n'y a pas de loi contre la destruction inconsidérée de la flore et de la faune* à cause d'une absence de sentiment néohumaniste. Dans la divine famille universelle, les humains, les animaux, les plantes et le monde inanimé coexistent en maintenant un harmonieux équilibre. Les êtres humains, malgré cela et sous prétexte de leur supériorité intellectuelle, détruisent sans discernement les plantes et les animaux pour servir leurs propres intérêts mesquins et égoïstes. Il n'est rien prévu dans la constitution pour protéger les plantes et les animaux. Une constitution doit donner aux plantes et aux animaux le droit d'exister paisiblement. L'absence de telles dispositions dans la constitution crée des failles psychologiques que l'on doit corriger sans tarder.

Quatrièmement, dans une confédération [d'États], *la constitution doit clairement définir la relation qui lie le gouvernement central aux États membres*. Autrement, cela engendre un conflit entre le gouvernement central et les États membres qui affecte psychologiquement tout le pays. Parmi tous les aspects de cette relation, il faut s'attacher à en définir clairement deux particulièrement importants : le droit à l'autodétermination et le droit à la sécession de tout membre de la confédération. La constitution [indienne] ne se déclare pas clairement sur ces points. Cela crée une tension permanente entre le gouvernement central et les États.

Cinquièmement, la constitution de l'Inde ne définit pas clairement les tribus et les castes devant recevoir une aide particulière. Elle les a en fait listées en s'appuyant à tort sur des considérations raciales. Au lieu de cette manière de faire non-scientifique, on devrait répertorier ces tribus et castes sur la base de leur retard économique et éducatif.

Les réformes constitutionnelles

Pour surmonter ces failles économiques et psychologiques, il est nécessaire de réformer toutes les constitutions du monde actuel. On devrait mettre en œuvre les réformes suivantes :

(1) La dissolution du gouvernement ou du parlement [ou de l'Assemblée nationale]. Le président peut congédier un gouvernement ou dissoudre le parlement [en France, l'Assemblée nationale[1]] dans certaines circonstances : en cas de menace intérieure ; en cas de troubles [de l'ordre public] ou d'érosion de la loi et de l'ordre ; en cas de menace extérieure ; et quand, dans une démocratie, l[a composition du] parlement rend minoritaire le gouvernement. Lorsque l'équipe gouvernementale d'une démocratie est congédiée parce qu'elle est minoritaire au parlement, le président doit expliquer les raisons de la sanction prise contre le gouvernement moins d'un mois après avoir sanctionné ce gouvernement. Si le parlement est déjà dissout, il lui faut organiser une élection législative dans un délai de six mois et expliquer sa position devant le parlement nouvellement élu dans un délai d'un mois après l'élection.

(2) L'état d'urgence. Le président peut proroger l'état d'urgence pour une période de six mois, avec l'accord du parlement ; il peut, avec ce parlement, prolonger l'état d'urgence pour une durée qui ne peut excéder deux ans.

(3) Décisions d'un gouvernement intérimaire[2]. Le président peut suivre ou ne pas suivre les décisions d'un gouvernement intérimaire. Si le président ne suit pas l'avis du gouvernement intérimaire, il faut dissoudre le parlement et former un nouveau parlement par une élection législative. Le président est

---

[1] La dissolution apparaît comme la contrepartie de la possibilité pour les députés de renverser le gouvernement. En France, ce droit n'appartenant pas au Sénat, ce dernier ne peut être dissous. (ndt)
[2] Ceci dans le cas d'un régime parlementaire, où le premier ministre (autrement dit le chef du gouvernement) est élu par le parlement. (ndt)

alors tenu d'expliquer sa position devant le nouveau parlement un mois au plus après sa formation.

(4) Le caractère et niveau moral du président et du premier ministre. Le président ou premier ministre doit avoir une excellente moralité. Le président ou premier ministre ne doit pas divorcer de son conjoint, épouser une divorcée ou avoir plus d'une femme.

(5) Le pouvoir du président de faire des déclarations. Dans des circonstances normales, le président ne doit pas faire de déclaration sans consulter le parlement ou le premier ministre. En des circonstances normales, lorsqu'il y a des ministres, le président doit suivre l'avis des ministres. Si le gouvernement est dissout, le président doit se conformer à l'avis du Parlement.

(6) Le Parlement dans son rôle d'assemblée constituante. Le Parlement ne peut modifier la constitution qu'à la majorité des sept huitièmes de ses membres, parce que modifier fréquemment la constitution ne fait qu'affaiblir son autorité.

(7) Les langues. Toutes les langues vivantes d'un pays doivent jouir d'une considération égale de la part de l'État ou du gouvernement.

(8) L'égalité des droits. Tous les citoyens doivent être égaux devant la loi. On prendra en considération les nécessités physiques de tous les citoyens de manière équitable pour que tous les citoyens puissent avoir une vie sociale équilibrée et harmonieuse.

(9) Une commission d'évaluation. Pour faire le point sur les progrès et les développements économiques des différentes régions du pays, le président doit constituer une commission d'évaluation de haut niveau. En cas de différend entre le gouvernement et la commission, le président doit suivre l'avis du parlement. En cas de différend entre le parlement et la commission, le président doit consulter la cour suprême du pays et suivre son avis officiel, conformément aux dispositions de la constitution.

(10) Procès contre le premier ministre ou le président. Tout citoyen du pays peut être poursuivi devant la cour suprême, y compris le premier ministre et le président, parce que tous les citoyens sont égaux devant la constitution.

(11) Le droit à l'autodétermination et au référendum. Avec l'autorisation du parlement fonctionnant en assemblée constituante, on peut accorder à une région du pays le droit à l'autodétermination, sur la base d'un référendum tenu dans cette région. Si l'on organise un référendum, il doit se faire sous la stricte supervision du gouvernement national, à savoir, de l'autorité de surveillance électorale du pays.

(12) L'éducation. L'enseignement primaire et du premier cycle du secondaire doit être garanti à tous et être libre d'interférences politiques.

(13) La loi et la constitution doivent être les mêmes dans tout le pays. Tous les citoyens sont égaux devant la loi et devant la constitution. Conformément à la constitution, toute région du pays jouira des mêmes pouvoirs. On ne devrait pas, par exemple, accorder d'avantages spéciaux au Cachemire. Aujourd'hui un Cachemirien peut aller au Bengale et y acheter de la terre, une maison, etc. alors qu'un Bengali n'a pas cette possibilité au Cachemire. Ce genre de discrimination doit cesser.

Une Charte des droits universels

La formation d'un gouvernement mondial requiert une constitution mondiale. Cette constitution doit inclure une charte de principes ou de déclaration des droits couvrant au minimum les quatre domaines suivants :

Premièrement, nous devons garantir une sécurité totale aux plantes et animaux de la planète.[1]

---

[1] Au niveau de l'espèce, s'entend, et contre toute cruauté et mauvais traitement de la part d'humains. (ndt)

Deuxièmement, chaque pays doit garantir du pouvoir d'achat à tous ses citoyens.

Troisièmement, la constitution doit garantir quatre droits fondamentaux : à la spiritualité *(dharma)*, à un héritage culturel, à l'éducation et à l'expression linguistique indigène. Quatrièmement, si l'exercice d'un de ces droits entre en conflit avec les valeurs humaines fondamentales, il faut immédiatement restreindre cet exercice. Autrement dit, les valeurs humaines cardinales doivent avoir la priorité sur tous les autres droits.

Toutes les constitutions du monde présentent de nombreux défauts. Les concepteurs des différentes constitutions pourraient adopter les propositions ci-dessus pour les surmonter.

Calcutta, le 22 septembre 1986

Démocratie[1] et États aux mains d'un groupe

Depuis l'aube de l'évolution humaine, l'humanité a dû faire face à différents problèmes. Le premier et plus grand d'entre eux fut le conflit entre clans et groupes rivaux vivant sur différentes collines ou dans différents villages. Dans la première phase de l'évolution humaine, autrement dit avant la découverte du feu, les gens vivaient dans des grottes pour leur sécurité. Craignant l'obscurité, ils prenaient soin d'obturer l'entrée de la grotte avec un gros rocher à la nuit tombée. En ce temps-là, l'être humain était sans défense et moins robuste physiquement que la plupart des animaux. Bien que plus intelligent que les animaux, il l'était beaucoup moins que l'humain d'aujourd'hui. Il avait en outre moins de force dans ses ongles et ses dents que la plupart des animaux. Il vivait près des sources pour satisfaire son besoin en eau mais il n'y avait pas toujours de grotte dans les environs. Si l'eau abondait dans les rivières, leurs abords n'offraient pas de protection dans l'obscurité de la nuit. C'est pourquoi les humains primitifs se mirent à s'installer entre de gros rochers ou dans de petites vallées puis, par la suite, à construire des huttes dans les arbres avec des bâtons et de la paille. Ce fut sans doute le premier pas de la civilisation humaine.

---

[1] *Gaṅa-tantra* : *gaṅa* + *tan* + *trae* + *ḍa*. Le mot *tantra* signifie agir de manière maîtrisée, ou systématique, avec une juste accélération. On peut le décomposer en *tan* + *trae* + *ḍa* [opérateur suffixal]. *Tantra* signifie, ici, se libérer de l'esclavage du grossier et de l'apathie. *Gaṅa-tantra* signifiant libérer les masses des chaînes de l'apathie à l'aide des *gaṅeta* ou représentants du peuple. Bien que le mot *gaṅatantra* ne corresponde pas exactement à l'idée de démocratie, il a à peu près ce sens.

En ce temps-là, les différents groupes se battaient fréquemment entre eux pour la possession des grottes, des vallées et des arbres. Ils s'affrontaient alors avec leurs dents et leurs ongles. Un traité vieux de plusieurs siècles entre la Grande-Bretagne et l'Espagne énonce qu'ils se défendront l'un l'autre « bec et ongles ». L'expression se battre « bec et ongles » [autrement dit de toutes ses forces] s'emploie encore aujourd'hui.

En ce temps-là, les gens éprouvaient le besoin de s'accroître en nombre et s'efforçaient donc d'avoir autant de femmes que possible dans leur groupe. On considérait les femmes puissantes comme les mères du groupe et l'activité se concentrait autour d'elles comme l'activité des fourmis, ou des abeilles, tourne autour de leurs reines. Si un homme avait dix épouses, elles pouvaient mettre au monde dix enfants simultanément mais si une femme avait dix époux, elle ne pouvait donner naissance qu'à un enfant. Lors de leurs fréquentes batailles, les humains primitifs essayaient donc toujours d'enlever les femmes du groupe rival. Les femmes étaient ainsi les esclaves des hommes. À cette époque, les gens se mirent à pratiquer le culte du phallus dans l'espoir d'accroître leur population.

À la période suivante, on considéra toujours les femmes comme la propriété des hommes victorieux mais on leur retira leur position de mère du groupe. À la place, les gens reconnurent la direction d'hommes valeureux, forts et capables. Ces chefs héroïques étaient assistés par un groupe de conseillers ; ce fut le premier stade de la monarchie. Ce groupe mécontentait parfois le roi ou chef du groupe qui le remplaçait alors par un autre, ce que fit le roi Henri VIII d'Angleterre. Il est, d'un autre côté, arrivé aux conseillers de restreindre les pouvoirs d'un roi dont ils n'aimaient pas les actes, comme ce fut le cas pour le roi Jean d'Angleterre.

Deux mille cinq cents ans en arrière, les *licchavis* de Vaishali[1] abolirent la monarchie et instituèrent la première république. Les représentants du peuple portaient le nom de *licchavis* et élisaient un corps exécutif de « grands *licchavis* ». Les grands *licchavis* étaient à la tête de Vaishalii comme l'était précédemment la monarchie.

Après plusieurs phases de monarchie au cours de l'ère guerrière *(kśatriya)*, la monarchie se transforma progressivement en république. Cette transition eut lieu au cours même de l'ère guerrière. On affirme généralement qu'une république n'obéit pas aux caprices d'un monarque ou d'un groupe, qu'elle fonctionne grâce à un système de représentation populaire élue selon les désirs déférents et confiants du peuple. L'idée de démocratie ou *gañatantra* est celle d'un gouvernement du peuple ; du peuple mais par ses représentants. Les démocraties peuvent conserver leur monarque en tant que chef symbolique de l'État, comme en Angleterre ou en Suède. Les démocraties peuvent aussi ne pas le faire, comme en Inde ou aux États-Unis. Si une démocratie conserve la monarchie, cette dernière peut avoir une importance théorique mais, en pratique, elle ne fait que placer le sceau de son approbation sur la démocratie. Théoriquement, le roi ou la reine d'Angleterre peut vendre tous les vaisseaux de la marine royale s'il ou elle le désire mais, en fait, ils ne peuvent même pas vendre une simple chaise de pont.

Une question se pose : est ce que nous appelons république, vraiment une république ? La réponse est non, certainement pas. Il y a des pays qui ont aboli la monarchie depuis longtemps et qui se donnent le nom de république, mais où les gens ordinaires n'ont même pas la liberté de parler, que dire de leurs autres droits ! La police d'État et les agences de renseignement surveillent les mouvements et activités des gens. Bien que ces pays se donnent le nom de république, ce sont en fait des États sous la mainmise d'un groupe. Leurs dirigeants sont-

---

[1] Cité du nord-est de l'Inde (ndt)

ils élus démocratiquement ? Non. Les dirigeants de ces États aux mains d'un groupe truquent la machine électorale pour que leurs adversaires ne puissent obtenir la majorité. Ils n'hésitent pas à employer la force, la fraude et autres moyens malhonnêtes pour perturber les élections et se maintenir au pouvoir illégalement. On ne peut donc pas leur octroyer le titre de défenseur de la démocratie – ils ne font que diriger un groupe et sont élus par les membres de leur propre groupe ou parti. Ils se prétendent démocrates, ce qui est incohérent avec les idéaux qu'ils professent et leurs actes. Ils sont comme quelqu'un qui se couvrirait la face de charbon de bois puis d'une fine couche de talc et proclamerait au monde : « Regardez comme mon visage est blanc ! » On trouve parmi les défenseurs de la démocratie, des gens qui ne soutiennent pas les dictatures de groupes. Peuvent-ils néanmoins affirmer sous serment que leur démocratie idéale existe quelque part ? Non, ils ne le peuvent pas. À quoi bon voter si les électeurs n'ont aucune conscience politique et ne portent pas dans leur cœur les valeurs démocratiques. Il n'est pas chose facile d'éveiller en eux de bons sentiments, [désintéressés], ou d'obtenir leurs votes par des moyens honnêtes. Dans ces conditions, la démocratie peut à tout moment dégénérer en « démon-cratie ».

Dans la situation présente du monde, seul un gouvernement de gens inspirés par le Vrai *(sadvipra)*, tel que le préconise la TUP, peut résoudre ce problème délicat. Il est néanmoins vrai que la direction par des personnalités justes et morales s'imprégnant de valeurs universelles *(sadvipra)*, n'adviendra que par l'entremise de l'application systématique et rationnelle de la TUP par de nombreuses personnes vraiment intelligentes. On ne peut instaurer un gouvernement de sages impartiaux *(sadvipra[1])* par la force physique aveugle ou la simple volonté intellectuelle. C'est donc à l'avant-garde de la so-

---

[1] Lire note p. 209

ciété humaine de révéler aux gens la situation très difficile dans laquelle se trouve la société aujourd'hui pour les rendre plus conscients des réalités de ce monde. Elle doit vraiment s'efforcer d'élever au plus tôt la conscience du peuple.

Calcutta, le 17 avril 1988

La théorie psycho-sociale
de la société

La Révolution « centrale »

Ranchi, 1969

On peut décrire une société comme le regroupement, sous l'effet de la tendance psychique à cheminer ensemble, de nombreuses ondes psychiques parallèles. Le titre de gloire de la société humaine est sa structure collective universelle qui concrétise ses idées les plus élevées.

Dynamisme et statisme sont inséparablement associés à tout mouvement, individuel ou collectif. La société est constamment en mouvement, l'inertie, c'est la mort. Le mouvement social se caractérise par l'effort de démolir une structure statique pour la remplacer par une structure dynamique ; il fonctionne selon un rythme cyclique, ou pulsatif ; il n'est pas linéaire.

Tous les domaines de la vie individuelle ou collective se transforment avec les époques et en fonction des lieux et des personnes. Si l'on compare la vitesse de transformation de la vie sociale, économique, politique et culturelle des cinq à six derniers siècles, on remarque que la vitesse de transformation sociale s'est fortement accélérée au vingtième siècle. Dans le futur, la société changera encore plus rapidement.

L'une des méthodes scientifiques de changement social est la révolution *(viplava[1])*. Chaque révolution amène dans son sillage des changements radicaux dans la vie individuelle et sociale, et de très importantes transformations dans la psychologie collective. L'élément déterminant dans une révolution est l'application d'une force considérable pour faire avancer la société. « La révolution est l'accélération du mouvement [so-

---

[1] Le mot sanskrit *viplava* est dérivé de la racine verbale védique *plu* préfixée par *vi* auquel on applique l'opérateur suffixal *al*.

ciétal] par une force considérable » *(Tiivra-shakti-sampátena gati-vardhanaṁ viplavah)[1]* affirme la TUP.

Remplacer une période par une autre en mettant à bas l'exploitation et en provoquant un changement dans la psychologie collective, en un temps très court et par l'application d'une force considérable, voilà ce qu'on désigne par « révolution ».

Lorsque c'est l'inverse qui se produit et que le cycle sociétal avance dans la direction opposée sous l'effet d'une force considérable, nous sommes en présence d'une contrerévolution. Dans une contre-révolution, la société est ramenée en arrière, à l'époque précédente. La TUP définit la contre-révolution *(prati-viplava)* comme « l'application d'une force considérable pour inverser le courant [sociétal]. » *(Tiivra-shakti-sampátena vipariita-dháráyaṁ prati-viplavah[2]).*

La tâche principale d'une révolution est de surmonter l'inertie propre à une époque et d'instaurer la période qui lui succède dans le cycle sociétal. Le mouvement de la société suit inexorablement les lois de ce cycle. Ceux qui ont à cœur l'intérêt commun s'efforceront toutefois toujours d'accélérer l'avancée de la société. Ils lutteront pour cela avec acharnement contre l'exploitation de sorte que tous puissent ensemble progresser de concert.

Quand l'équilibre psychique de la vie sociale subit un changement révolutionnaire, certaines choses sont inséparablement associées à ce changement. On compte parmi celles-ci, une vague sociale anti-exploitation, une révolte contre le statu quo, un combat efficace des forces du bien contre les forces du mal et l'aspiration à une nouvelle psychologie sociale parmi le peuple.

---

[1] *Ánanda Sútram 5.4*, précis philosophique de l'auteur (aphorismes sanscrits commentés en bengali). (ndt)
[2] *Ánanda Sútram 5.6* (ndt)

La civilisation humaine se trouve maintenant dans une phase de transition critique. L'exploitation de l'homme par l'homme a atteint des proportions alarmantes. Dans les périodes critiques du passé, chaque fois que l'exploitation était à son comble, sont apparues des personnalités éminentes capables de résoudre les problèmes de la société. Nous avons aujourd'hui, de même, besoin de personnes supérieures à l'idéologie vaste et complète pour détourner l'humanité de sa course au désastre et la conduire à son glorieux avenir. L'apparition de telles personnalités est une nécessité historique.

Les quatre types de psychologie sociale et leur succession

On distingue, en gros, quatre types de psychologie sociale. Ces types sont la psychologie prolétaire *(shúdra)*, la guerrière *(kśatriya)*, l'intellectuelle *(vipra)* et la capitaliste *(vaeshya)*. Elles n'ont rien à voir avec le système de caste et sont purement d'ordre psychologique.

Les prolétaires *(shúdra)* sont les personnes influencées par les ondes matérielles ; leurs ondes psychiques individuelles sont incapables de terrasser les ondes matérielles. Leurs aptitudes manuelles sont leur unique source de revenu.

Les guerriers *(kśatriya[1])*, eux, font usage de leurs ondes physico-psychiques pour prendre le contrôle des ondes matérielles.

Les intellectuels *(vipra[2])* font la même chose grâce à leurs ondes psychiques pénétrantes. Les guerriers vivent principalement de leur force physique ou de leur bravoure tandis que les intellectuels se reposent sur leur intelligence. Une lecture attentive de l'histoire dévoile que la vive intelligence des intellectuels inspira aux guerriers de la révérence et un sentiment de

---

[1] militaires, sportifs, etc. (ndt)
[2] intellectuels, artistes, religieux. (ndt)

subordination qui permirent aux intellectuels d'exploiter leurs forces et prouesses physiques.

La psychologie capitaliste *(vaeshya)* est quelque peu différente. Les capitalistes[1] ne veulent pas jouir des objets matériels ; c'est plutôt la perspective de leur accumulation qui les réjouit.

La société primitive était menée par la mentalité prolétarienne. Peu à peu, la société se rassembla sous la houlette des guerriers jusqu'à l'établissement de l'ère guerrière dans le monde. Ce fut une ère de héros et de rois. Cette époque « guerrière » céda ensuite la place à une époque intellectuelle, [autrement dit] des intellectuels et religieux. Puis vint l'ère marchande [(capitaliste)]. La différence entre les deux classes précédentes et celle des capitalistes est que les capitalistes n'occupent que rarement directement le siège du pouvoir. Ils installent les guerriers ou les intellectuels au pouvoir et contrôlent la société, l'économie et l'État des coulisses. Il y a en général moins de difficultés physiques ou psychiques durant les périodes guerrières et intellectuelles que durant les périodes capitalistes où la pauvreté, les privations et l'exploitation sont extrêmes.

Le passage d'une période à la suivante peut s'effectuer par un changement naturel, un changement évolutif[2] ou une révolution. On peut passer d'une ère guerrière à une ère intellectuelle ou spirituelle, ou de l'ère des intellectuels à celle des capitalistes par le changement naturel ou évolutif mais pour mettre fin à l'exploitation capitaliste, l'application d'une force considérable s'avère indispensable.

L'exploitation capitaliste est telle qu'elle transforme ceux ayant un esprit de guerrier ou d'intellectuel en esclaves mécontents du capitalisme. Ils n'ont pas d'autre choix que de travailler dur au service des capitalistes pour se remplir l'estomac. Ces

---

[1] Marchands, propriétaires terriens, etc. (ndt)
[2] Un « changement évolutif » est ici un changement réclamant une force extérieure (mais moindre que celle réclamée par la révolution). (Voir p. 90) (ndt)

guerriers et intellectuels, qui se transforment en prolétaires sous la pression de leur situation pécuniaire, bouillent de mécontentement à l'intérieur. Ils forment ce qu'on peut appeler « les prolétaires mécontents » *(vikśubdha shúdra)*. Ces prolétaires mécontents – intellectuels et guerriers exploités – donnent une expression systématique aux frustrations des masses, expression qui vise à mettre fin à l'exploitation capitaliste. Ils ont un potentiel révolutionnaire.

La révolution qui met fin à l'ère capitaliste requiert le combat unifié des prolétaires insatisfaits. Les prolétaires ne peuvent être les véritables révolutionnaires car ils manquent de vigueur morale, de responsabilité et de combativité. Ils sont enclins à de nombreux vices et ne sont pas fermement établis dans les valeurs humaines ; ils ne peuvent donc pas développer le caractère révolutionnaire requis. Les prolétaires insatisfaits se transforment en d'authentiques révolutionnaires lorsqu'ils développent le courage moral et la discipline nécessaires pour s'opposer à l'exploitation.

On nomme « révolution prolétarienne » la révolution dirigée contre l'exploitation capitaliste. Bien que l'exploitation capitaliste convertisse les guerriers et les intellectuels en prolétaires insatisfaits, ceux-ci reprennent leur psychologie originelle de guerrier ou d'intellectuel immédiatement après la révolution prolétarienne. En raison du caractère martial de la révolution prolétarienne, la direction de la société passe aux mains des guerriers et une nouvelle ère guerrière apparaît. Même durant la période guerrière, les intellectuels essayent d'asseoir leur influence à la force de leur intelligence et d'infléchir le cheminement de la société en fonction de leur point de vue. L'ère des intellectuels est suivie de l'ère capitaliste puis de nouveau par la révolution prolétarienne. Le mouvement du cycle sociétal et la révolution sont donc inséparablement liés.

Ces quatre types de psychologie dominent la société en succession cyclique. Vers la fin d'une ère, la psychologie sociale se détériore nettement. L'avilissement moral et le manque de progrès social provoquent une stagnation psycho-sociale. L'exploitation sévit. Ce genre de situation malsaine révèle la fin d'une ère. Les différentes classes essayent d'usurper le pouvoir et d'établir leur hégémonie en piétinant les droits d'autrui. Ce conflit existe depuis l'aube de la civilisation humaine. C'est par ces conflits et ces harmonisations que les êtres humains s'efforcent de trouver leur voie vers l'émancipation.

Dans le monde moderne, l'exploitation capitaliste sévit presque partout. Le capitalisme se dirige maintenant à grand pas vers sa phase de dégénérescence finale. Le début de l'ère capitaliste a présenté certains avantages pour la société mais, dans sa phase finale, la société est devenue la proie d'une rapacité insatiable et traverse une épreuve intolérable et de cruelles privations. Les pays sous le joug de l'exploitation capitaliste se dirigent à grand pas vers la révolution prolétarienne.

La révolution « centrale »

En se fondant sur leurs caractéristiques apparentes, on considère généralement les coups d'État *(palatial change)* et les révolutions imposées par le haut *(pyramidical revolution)* comme des formes de révolution. Les coups d'État et les révolutions pyramidales ne sont pourtant pas à proprement parler des révolutions parce qu'ils n'aboutissent pas obligatoirement à un changement de la psychologie collective et à la marche en avant du cycle sociétal.

La TUP préconise un autre type de révolution dite révolution du centre [du cycle social]. Dans ce type de révolution, chaque aspect de la vie collective – social, économique, politique, culturel, psychique et spirituel – subit une profonde métamorphose. La société adopte de nouvelles valeurs morales et spirituelles qui ont pour effet d'accélérer le progrès social. L'ancienne ère fait place à une nouvelle ; une psychologie collective succède à une autre. Ce genre de révolution engendre un développement général et le progrès social.

Seules des personnalités morales et spirituelles *(sadvipra)*, se situant au centre du cycle sociétal[1], peuvent déclencher ce type de révolution. Par leur effort concerté et général, leur force morale et spirituelle, elles incitent les parties exploitées de la société à renverser la classe au pouvoir, les exploiteurs. Ce soulèvement populaire libère la société de l'exploitation et marque le début d'une nouvelle ère de paix et de prospérité.

C'est du cœur de la structure sociale que ces justes à l'intelligence éveillée *(sadvipra)* contrôleront les points-clés de la structure sociale. Une révolution « centrale » n'engendre que peu de pertes en vies et en biens, et transforme totalement la société en un temps très court.

Les conditions d'une révolution « centrale »

Il y a plusieurs conditions requises pour que réussisse une révolution « centrale » : la présence de l'exploitation sous quelque forme que ce soit, une organisation révolutionnaire, une philosophie positive, des cadres révolutionnaires, un commandement parfaitement digne de confiance et une stratégie révolutionnaire. Toutes ces conditions sont requises.

L'exploitation
Il y a différents types d'exploitation dans la société. La forme et la nature de l'exploitation varient selon l'époque, l'endroit et la personne. Chaque période du cycle sociétal comporte divers types d'exploitation ; l'exploitation dans le domaine économique, par exemple, qui peut être féodale, coloniale, capitaliste, impérialiste ou fasciste. L'exploitation peut

---

[1] Dans la mesure où ils ont autant à cœur les intérêts de chacune des classes de la société. (la notion de *sadvipra* est détaillée p. 209) (ndt)

tout aussi bien être physique, psychique, économique, politique ou culturelle.

Dans l'antiquité, l'esclavage était couramment pratiqué dans les empires grec et romain. Les chefs exploitaient férocement les vaincus à leur propre avantage.

L'exploitation psychique consiste, quant à elle, à tromper les masses à l'aide de pseudo-philosophies qui encouragent les dogmes et l'étroitesse d'esprit. Le socialisme démocratique et la théorie de la coexistence pacifique sont des exemples de la façon de penser des hypocrites.

Dans l'exploitation économique, des personnes ou des groupes ayant le pouvoir économique privent les gens de leurs besoins minimums. Les prêts d'argent à taux d'intérêts exorbitants, forcer les agriculteurs pauvres à vendre leur récolte dans des saisies [en leur refusant le délai nécessaire à de bonnes conditions de vente], etc. sont des exemples d'exploitation économique.

Quel que soit le type d'exploitation utilisé, lorsque la société se rapproche de la révolution, le manège des exploiteurs est mis à nu. Les exploiteurs ne peuvent plus déguiser leur exploitation.

On peut établir qu'il y a exploitation sociale lorsqu'apparaissent l'extrême pauvreté, l'insécurité sociale, l'injustice contre les gens ordinaires, un pouvoir d'achat trop faible pour se procurer le minimum nécessaire, d'énormes différences économiques et sociales entre plusieurs classes, une distribution irrationnelle de la richesse, etc. La situation sociale, économique et politique actuelle de l'Inde est l'illustration parfaite de tous ces maux. L'Inde est au bord de la révolution.

L'organisation révolutionnaire

La révolution et la guerre sont quasiment la même chose. La révolution est une forme de guerre. La différence entre les deux est que dans une guerre, on se sert de la force au nom d'une personne ou d'un État, alors que dans une révolution, on fait usage de la force à l'initiative d'un groupe de personnes voulant établir une société libre de toute exploitation. Une organisation révolutionnaire est primordiale pour mener à bien une guerre révolutionnaire. Pendant la préparation psychique à la révolution, les classes mécontentes doivent construire une organisation qui s'emploie à créer un environnement propice à la révolution.

Il faut une organisation diverse et multiple pour déclencher une révolution. La responsabilité de l'organisation est identique à celle d'un gouvernement. L'organisation révolutionnaire doit être opérationnelle du plus haut niveau de l'État à celui de la commune : il faut des militants ou coordonnateurs locaux à chaque niveau de la structure. Toutes les activités révolutionnaires sont ordonnées à partir du plus haut niveau de la structure.

Si l'on déclenche une révolution sans construire de véritable structure ou si cette dernière comporte des lacunes, cela a des répercussions désastreuses. Dans le combat pour l'indépendance de l'Inde, par exemple, les meneurs révolutionnaires manquèrent de bâtir une structure au niveau communal et les Anglais surent tourner à leur avantage cette faiblesse organisationnelle. De telles failles causent d'inexcusables pertes. C'est ce qui s'est passé dans l'histoire indienne récente.

Une philosophie positive

Une organisation révolutionnaire doit suivre une philosophie positive. Une idéologie complète progressiste est l'arme invincible d'une organisation révolutionnaire. Elle neutralise les idées négatives de la société et génère une puissante onde mentale positive dans la psychologie collective. Les gens acquièrent un état d'esprit révolutionnaire tandis que les intérêts en place font tout leur possible pour résister à ces changements positifs, d'où l'apparition d'une extrême polarisation dans la psychologie collective. C'est la tâche des chefs révolutionnaires que de créer une polarisation en propageant une philosophie positive.

La philosophie de l'organisation révolutionnaire doit être dénuée de toute étroitesse et dogme. Si la philosophie a des défauts ou si elle n'englobe pas tout, on prend le risque de voir la gouvernance de la société échapper aux révolutionnaires ; ce qui serait extrêmement néfaste au développement progressiste de la société.

De plus, la philosophie doit se fonder sur la pratique et non sur la théorie. Si la mise en pratique de la philosophie s'avère défectueuse, cela peut se rectifier, mais si la philosophie comporte elle-même des défauts fondamentaux, on ne peut ni l'appliquer ni la réajuster.

Les théories de Marx et de Gandhi sont des exemples de philosophies défectueuses. Les principes fondamentaux du marxisme sont antipsychologiques, irrationnels et antihumains. Les marxistes disent que la révolution est la seule solution à l'exploitation capitaliste. C'est une idée positive. Mais le concept de matérialisme dialectique, la conception matérialiste de l'Histoire, la disparition de l'État, la dictature du prolétariat, une société sans classes, etc. sont des idées défectueuses que l'on ne peut pas appliquer. C'est pourquoi, dans chaque pays communiste, le stade post-révolutionnaire a été une période d'agitation et d'oppression. Il n'y a pas un seul pays dans le monde qui fonctionne selon les idéaux marxistes.

Le gandhisme aussi est défectueux. Au lieu de libérer les gens de l'exploitation, il sert les intérêts des exploiteurs ; c'est par conséquent une philosophie négative. Se libérer de l'exploitation y est impossible puisque les exploiteurs eux-mêmes peuvent trouver refuge dans cette philosophie. La coexistence des exploiteurs et des exploités ne peut pas donner une société libre d'exploitation. Aucune organisation révolutionnaire ne peut accepter le gandhisme comme philosophie idéale. Qu'une organisation le fasse et elle ne sera plus une organisation révolu-

tionnaire, elle se démantèlera très rapidement. C'est histori-
quement inévitable. Une organisation révolutionnaire doit donc
adopter une philosophie positive qui soit sans défaut.

Les cadres révolutionnaires
Avant que l'organisation révolutionnaire ne donne le signal de la révolution, il faut une préparation appuyée. Même si
toutes les conditions d'une révolution sont réunies, une révolution ne peut pas avoir lieu tant que les masses exploitées n'y
sont pas mentalement prêtes. Si les gens n'y aspirent pas, ils
n'écouteront pas l'appel à la révolution. On a donc besoin de
cadres révolutionnaires instruits idéologiquement pour canaliser
la psychologie des masses populaires vers la révolution et les
encourager à entamer un combat révolutionnaire. Ces cadres
doivent adopter :
- une façon de faire rationnelle inspirée de la philosophie
positive,
- avoir une conscience socio-économico-politique bien développée et
- se dévouer à l'élévation de la condition du peuple.
Ces cadres ont le devoir d'inspirer les masses mécontentes
à rejoindre la révolution. C'est par leur dévouement et leur
dynamisme qu'ils s'attireront les faveurs du sentiment populaire. Le premier et principal devoir d'une organisation révolutionnaire est donc de créer des cadres dévoués.

Une direction parfaitement digne de confiance
Le succès de la révolution dépend de sa direction. Moins la
direction a de défauts moins il y aura de pertes en vies humaines et en biens. Une direction idéale est un atout autant pour la
société que pour la révolution. Elle ne conduit pas seulement au
succès de la révolution mais répond aussi aux espoirs et aspirations de la population dans la phase post-révolutionnaire.
De nombreux pays furent incapables de construire une société bien soudée et prospère dans la phase post-révolutionnaire

à cause des défauts de leur direction. Les concepts du roi philosophe de Platon, du sage de Confucius, du surhomme de Nietzsche, de la dictature du prolétariat de Marx, etc., qui étaient censés produire une direction idéale, ont tous échoué. Il y a une grande différence entre une théorie de la direction et les qualités humaines qu'exige, en pratique, la fonction de dirigeant. Grâce à des qualités comme l'intelligence, la perspicacité, la conscience sociale, l'habileté oratoire et d'autres, quelques dirigeants ont été les instigateurs d'une révolution mais furent ensuite discrédités pour n'avoir pas su conduire la société à un authentique progrès. Ils furent incapables de résoudre les problèmes pressants auxquels était confrontée la population ou de mettre fin à l'exploitation.

La direction par des sages impartiaux *(sadvipra)* est la forme de gouvernance idéale. Ces meneurs seront en bonne condition physique, développés mentalement et élevés spirituellement. Avec leur aide et sous leur direction, la révolution deviendra réalité.

Une stratégie révolutionnaire

Les forces hostiles à la révolution disposent d'un pouvoir militaire gigantesque. En dépit de cela, ce sont les révolutionnaires qui sont victorieux. Cette victoire ne s'explique pas seulement par la présence d'une organisation bien structurée, d'une idéologie progressiste et d'une direction exemplaire, mais aussi par l'emploi d'une stratégie révolutionnaire.

Les dirigeants ne s'imposent pas d'en haut, ils se font plutôt admettre d'eux-mêmes, par leur dévouement, leur sincérité, leur ferveur idéologique, leur pugnacité et leurs aptitudes générales, qualités qu'ils acquièrent progressivement, pas à pas.

Une base d'intégrité et d'unité commune à tous les membres exploités de la société doit être mise en place. C'est capital, car, pendant la révolution, le combat contre les activités antisociales et la corruption est total. Les révolutionnaires ont à combattre trois forces : les exploiteurs extérieurs [au pays], les exploiteurs intérieurs et les autres forces intérieures néfastes. Toutes les trois sont puissantes. La force morale, psychique et spirituelle des révolutionnaires leur permet néanmoins de vaincre parce que les armes physiques ne constituent pas la seule source de puissance. La force morale et spirituelle est infiniment plus puissante que la force physique.

Bien que les révolutionnaires aient comme premier devoir de chasser les exploiteurs, ils doivent aussi s'assurer que ces exploiteurs ne trouvent pas de nouvelles occasions de s'emparer du pouvoir ou de miner la société à l'avenir.

La plus grande réussite d'une révolution est de supprimer l'exploitation et d'amener un changement progressiste dans la psychologie collective avec un minimum de pertes en vies et en biens.

Le rôle des sentiments

La révolution se fait toujours autour d'un sentiment. Sans un sentiment commun fort, il ne peut y avoir de révolution. Le sentiment est toujours plus fort que la raison.

Le communisme propage des sentiments comme : « Prolétaires du monde entier, unissez-vous ! » Ces sentiments ont séduit au début, mais, après quelque temps, les gens se sont aperçu qu'ils étaient vides de sens et les intellectuels s'en sont donc désolidarisés. Le communisme n'est maintenant plus capable de lutter contre les sentiments locaux qui apparaissent dans les différentes parties du monde parce que ces sentiments sont plus forts que les sentiments communistes.

La TUP se fonde sur un sentiment universel approprié à tout ce système cosmologique et progresse de manière systématique et graduelle vers son établissement. Qui peut permettre aux populations locales de prendre conscience de leurs sentiments locaux tout en maintenant un état d'esprit universel ? Seule le peut la TUP. Les communistes n'ont pas une telle conception. Seule la TUP peut prendre à bras-le-corps tous les sentiments locaux tout en menant, par étapes, chacun dans ce monde à l'universalisme.

Les révolutionnaires doivent parvenir à éveiller les sentiments de la population et canaliser l'héritage sentimental de la société vers l'universalisme. Durant la phase de préparation de la révolution, d'infatigables efforts doivent être faits pour stimuler l'héritage sentimental de la population parce que ce sont les sentiments qui inspirent les gens et les poussent à soutenir la cause révolutionnaire, et qui insufflent aux cadres révolutionnaires une puissance et une conviction hors du commun.

La TUP distingue deux types de sentiments : les positifs et les négatifs. Les sentiments positifs sont de nature synthétique. Ils unissent la société, élèvent l'humanité, servent l'intérêt commun et facilitent le développement progressiste. Les sentiments négatifs, quant à eux, sont étroits et divisent la société.

Parmi les sentiments positifs importants, on compte le sentiment anti-exploitation, le sentiment révolutionnaire, le sentiment moral, le sentiment culturel, le sentiment universel et le sentiment spirituel. Les sentiments négatifs incluent le communautarisme, le chauvinisme, le nationalisme, le provincialisme, le « linguisme » et le racisme.

Les sentiments négatifs ne devraient jamais servir à diviser les gens en castes et en communautés. Ils ne devraient, en fait, servir qu'à unir les gens. Hitler se servit du racisme pour unir le peuple allemand et il y arriva à court terme mais, parce qu'il utilisa des sentiments négatifs sans avoir le moindre sentiment positif, sa manière de faire provoqua une guerre mondiale et la quasi-destruction de l'Allemagne. La voie de la négativité est extrêmement dangereuse et nuisible à la société. Les sentiments positifs sont les seules armes de construction sociale dont nous disposons. Il faut garder cela à l'esprit en toutes circonstances.

Ranchi, 1969

Les principes de la Théorie de l'Utilisation Progressiste

Les dix-sept principes de la TUP

Voici la Théorie de l'Utilisation Progressiste, exprimée pour le bonheur et le bien total de tous :

1. **La société est toujours dominée, selon un cycle, par un de ses « groupes sociaux »**[1]**.**

2. **Situés au centre du cycle, ceux éveillés à la vérité** *(sadvipras*[2]*)* **régulent ce cycle.**

3. **L'évolution/passage à l'étape**[3] **suivante du cycle se produit en forçant l'avancée [du cycle social].**

4. **Si la force exercée pour accélérer l'avancée est intense, on parle de révolution.**

5. **Si l'on exerce une force à contre-courant, l'on obtient un retour en arrière [dans le cycle]/une contre-évolution.**

6. **Si la force exercée à contre-courant est intense, l'on parle de contre-révolution.**

7. **Le parcours sociétal suit le tour complet [du cycle].**

8. **La diversité étant la loi de la nature, il ne peut y avoir une totale égalité.**

9. **L'on doit garantir à tous les besoins minimums de l'époque.**

10. **Les personnes méritantes doivent recevoir un surplus par ordre de mérite.**

---

[1] Prolétaire, militaire, intellectuelle et marchande ; voir aussi le chap. Révolution au cœur de la société p. 77 (ndt)

[2] Les *sadvipras* ont à cœur les intérêts de toutes les classes de la société. (ndt)

[3] Autrement dit la période où c'est le groupe social suivant (dans le cycle) qui domine. (ndt)

11. La vitalité d'une société s'exprime par l'augmentation du niveau de vie des plus démunis.

12. Nul n'accumulera de richesses sans l'accord exprès du corps social.

13. L'on s'appliquera à une utilisation maximale des ressources matérielles, intellectuelles et spirituelles, et à leur répartition rationnelle.

14. L'on utilisera également au maximum les aptitudes physiques, intellectuelles et spirituelles des individus et des collectivités.

15. L'on s'assurera de bien équilibrer ces utilisations – physiques/matérielles, intellectuelles et spirituelles – entre elles.

16. Les utilisations changent avec le temps, l'endroit et les personnes, qu'elles soient progressistes !

Addenda : a) On offrira des facilités particulières aux personnes talentueuses, en fonction des possibilités locales.

b) Tous se verront garanti un maximum de facilités, en fonction des conditions locales, ces facilités s'adressant aux personnes ordinaires.

c) Les points 9 et 10, comme a et b, sont des processus sans fin, et seront régulièrement réactualisés compte tenu des possibilités de la collectivité.

[Extrait du 5ᵉ chapitre d'*Ánanda Sútram,* le précis philosophique d'Ánanda Márga (Shrii Shrii Ánandamúrti, bengali et sanscrit, 1962 (sauf addenda : 1989)) –

Les points 12 à 16, déjà formulés en 1959, sont souvent appelés « les cinq principes fondamentaux de la TUP » (cf. fin du chap. 2 p. 17).]

Les consignes politiques

Groupements socio-économiques

Dans le monde d'aujourd'hui, les grands animaux sont au bord de l'extinction, les conditions environnementales ne se prêtent plus à la survie des grands animaux. Dans le passé, de nombreuses créatures de grande taille ont peuplé la terre mais le changement environnemental et l'emprise croissante des êtres humains sur la planète ont fait disparaître les animaux géants.

De façon similaire, les petits États luttent pour leur survie. Les gens se préoccupent de former des communautés socio-économiques de plus en plus grandes pour assurer le bien-être de tous, plutôt que de préserver de nombreux petits États. Les sentiments étroits s'effacent et une vision universelle prend corps dans l'esprit humain. La science et le développement technologique ont mis à nu les croyances et dogmes aveugles qui ont longtemps étouffé de nombreuses parties de la société ; l'humanité avance graduellement vers une ère de rationalité et d'intérêt commun. L'époque actuelle n'est ni celle des grands animaux ni celle des petits États.

En accord avec cette tendance, la TUP prône la formation de communautés socio-économiques autosuffisantes dans le monde entier. Elles travailleront pour le bien général de la population dans leur région respective et uniront l'humanité sur un fondement idéologique commun. Les intérêts de toutes les populations locales seront protégés et pleinement reconnus. Au fur et à mesure que chaque communauté se fera plus forte et prospère, elle fusionnera avec d'autres communautés.

La formation d'un gouvernement mondial favorisera ce processus d'intégration. Les communautés socio-économiques faciliteront donc la libération générale, sur tous les plans, de l'humanité.

La liberté

Depuis le début de l'Histoire, l'être humain lutte pour se libérer des servitudes naturelles, sociales, économiques et politiques. Cette lutte est inhérente à la nature humaine. L'être humain veut être libre à la fois en tant qu'individu et en tant que membre de la société. Pour atteindre à cette liberté, il lui faut combattre tous les types d'oppression. Malgré cela, on peut observer que chaque fois qu'un groupe, ou une classe, opprimé obtient un certain degré de liberté, il se met à son tour à opprimer les autres.

La moindre liberté existant dans la société d'aujourd'hui est le résultat du long combat d'une foule d'individus et de groupes. À la source de ce combat est le désir humain inné de bonheur, l'aspiration à s'établir dans le flot suprême de béatitude. Pour satisfaire cette aspiration dans sa vie individuelle, l'être humain doit parvenir à l'état absolu et se libérer de tout ce qui est relatif. C'est une tendance humaine naturelle que de s'affranchir mentalement des entraves temporelles, spatiales et individuelles, mais seule l'atteinte de l'Absolu peut assouvir le désir inné de bonheur.

La société devrait encourager la quête individuelle de la liberté absolue parce que les mondes psychique et spirituel sont illimités et que la possession dans ces mondes n'entrave pas le progrès d'autrui. À l'inverse, une liberté sans restriction d'acquérir des biens de ce monde physique donne toute possibilité à quelques individus de se vautrer dans le luxe, tout en entravant le développement général de la majorité, parce que les ressources physiques sont limitées. Il ne faut pas permettre à la liberté individuelle dans le monde matériel d'empêcher le développement complet de la personnalité humaine. Mais dans un même temps, il ne faut pas la réduire trop radicalement car cela gênerait le développement général de la société.

La liberté est un droit pour chaque être humain Pour favoriser une expression humaine libre et complète dans les différents domaines de la vie sociale, il faut créer un environnement socio-économique agréable car un tel environnement n'existe pas aujourd'hui.

Les critères de regroupement

Pour former des communautés socio-économiques, il faut prendre en compte plusieurs facteurs dont :
- l'identité des problèmes économiques,
- l'uniformité du potentiel économique,
- les similarités ethniques,
- l'héritage sentimental de la population,
- la similarité des caractéristiques géographiques.

1) L'identité des problèmes économiques fait référence aux problèmes économiques communs auxquels doivent faire face les habitants d'une communauté, comme le manque de marchés pour les produits locaux, le surplus ou le déficit de main-d'œuvre, les difficultés de communication ou de transport et le manque d'irrigation. Établir si oui ou non il y a un ensemble de problèmes économiques analogues dans une région est la première chose à analyser lors de la constitution d'une communauté socio-économique. Il faut [pour cela] bien comprendre les problèmes économiques de la communauté socio-économique et les solutions [envisageables].

2) Le potentiel économique de la communauté, qui doit être uniforme. En dépit des variations naturelles d'un lieu à l'autre, dans l'ensemble, les gens d'une communauté [socioéco-nomique] doivent bénéficier d'à peu près les mêmes opportunités de prospérité économique. Il faudra progressivement réduire la disparité entre les nantis et les démunis, les riches et les pauvres, pour accroître la richesse collective et arriver à une société d'abondance.

3) Des similarités ethniques doivent être présentes. Dans le passé, de nombreuses races et sous-races ont été opprimées et exploitées par des races puissantes ou dominantes. Le racisme a été propagé par des personnes mal intentionnées, pour diviser la société et asseoir leur propre suprématie. La société doit se garder de ce genre de sentiments étroits et dangereux. Cela n'est possible que si chaque groupe ethnique est en situation de s'exprimer et de se développer. La guirlande multicolore de l'humanité ne peut s'enrichir que si des groupes humains divers se mélangent en toute indépendance, à partir d'une situation forte et en raison d'un amour d'autrui authentique, et non sous l'emprise de la peur ou de la contrainte.

4) Un héritage sentimental, qui est composé d'éléments telles la langue, les traditions historiques, la littérature, les coutumes locales et les expressions culturelles. C'est la corde sensible commune de la psychologie d'un groupe de personnes qui leur donne leur identité unique et leur sentiment d'affinité.

La nature sentimentale prédomine en l'être humain. En vaquant à ses activités quotidiennes, l'être humain s'attache aux multiples objets de ce monde. Si son sentiment de préférence pour un objet est en harmonie avec le sentiment collectif, on peut utiliser ce sentiment pour créer une unité dans la société humaine. L'attachement humain, [c'est le cas] pour de nombreux objets, peut aller à l'encontre du sentiment collectif et créer une grande désunion. C'est pour cela que l'on devrait encourager tous les sentiments favorisant l'unité de l'humanité et rejeter tous les sentiments qui divisent la société. C'est la démarche adoptée par les communautés socio-économiques de la TUP.

5) La similarité des caractéristiques géographiques, comme la topographie, les systèmes fluviaux, les précipitations et les réserves d'eau, doit également être prise en compte lors de la formation d'une communauté socio-économique.

Les communautés socio-économiques donneront une expression aux sentiments populaires et lutteront contre toutes les formes d'exploitation répondant ainsi aux revendications et aspirations de la population locale. Il faut lancer, dans le monde entier, des mouvements visant à établir des communautés socio-économiques autosuffisantes qui aient pour devise : « *Connaître la région, planifier et être au service de la population* ».

La population locale sont les personnes qui ont uni leurs intérêts socio-économiques personnels aux intérêts socioéconomiques de la communauté dans laquelle elles vivent.

Des communautés socio-économiques autosuffisantes

Chaque communauté socio-économique doit élaborer et mettre en œuvre ses propres programmes de développement. La prise en compte d'éléments tels que les ressources naturelles, la topographie, les systèmes fluviaux, la situation culturelle, le réseau de communication et le potentiel industriel permettra une planification et un développement appropriés de sorte à rendre chaque communauté économiquement autosuffisante et prospère. Si une part importante de la production de la communauté est mal utilisée ou si son capital est envoyé à l'extérieur, la communauté ne peut prospérer. Il faut donc une utilisation maximum de toutes les ressources et pas de drainage des capitaux.

L'État indien d'Orissa est très riche en ressources minérales comme le charbon, la bauxite et le manganèse mais les dirigeants actuels exportent ces ressources minérales vers d'autres pays. Si l'on avait utilisé ces matières premières pour la production industrielle indigène, on aurait facilement pu installer quatre grosses aciéries sur place. Cela aurait considérablement accru le revenu par habitant. Mais les dirigeants, au lieu de prêter attention à cela, élaborent des plans quinquennaux saugrenus. Ces plans ne contribuent ni à éliminer les disparités économiques ni à accroître la richesse collective.

Pour réaliser ces objectifs, il est nécessaire de complètement remanier l'économie indienne. Pour faciliter le développement socio-économique, il faudrait tout d'abord diviser le pays en communautés socio-économiques. Si l'on délimite les frontières en fonction de considérations politiques et linguistiques, les projets socio-économiques ne seront pas préparés ni mis en œuvre comme il faut, et certains problèmes économiques ne recevront pas l'attention qu'ils méritent. Les communautés socio-économiques sont indispensables au progrès économique rapide d'un pays.

La fusion de communautés socio-économiques

Là où il y a parité économique, brassage culturel, infrastructures de communication et efficacité administrative, il est facile et naturel pour deux, ou plus, communautés attenantes, de coopérer car elles ont atteint un haut degré d'uniformité socio-économique. Dans ces cas, elles devraient fusionner pour former une seule communauté plus importante. Cela sera pour le bien de leurs citoyens respectifs et engendrera plus d'avantages socio-économiques.

Dans certains endroits, des régions aux problèmes économiques différents sont situées dans la même communauté politique. Par exemple, dans l'État du Bihâr, la région de Chotanagpur Hills souffre d'un sérieux problème d'irrigation tandis que dans les plaines du nord se pose le problème du drainage des eaux. Ces deux régions devraient former deux communautés socio-économiques distinctes. Le Royalseema, le Shrii Kakulam et le Telengana ont tous trois été annexés à l'État politique d'Andhra [Pradesh], et ce, bien que leurs problèmes économiques soient différents. Dans l'intérêt des habitants de ces trois régions, chacune devrait former une communauté socio-économique distincte. Convertir tout de suite ces trois régions en une seule communauté économique pour de simples raisons administratives pourrait conduire à des complications.

On peut donc, dans certains cas, diviser un ensemble politique en deux ou plusieurs communautés socio-économiques.

Autrement dit, il peut y avoir plus d'une communauté socio-économique dans un ensemble politique. Cette manière de faire permettra à diverses communautés socio-économiques de développer tout leur potentiel.

Si, dans un système fédéral, un État ne peut bénéficier de la justice économique, il peut faire campagne pour des crédits spécifiques au sein du budget fédéral. Si, après cette campagne, il n'obtient toujours pas justice, il sera contraint de demander la formation d'un État séparé.

La TUP ne préconise cependant pas la formation de nombreux petits États, chacun avec son budget et son administration. De nombreuses séparations d'États ne font qu'aggraver les problèmes socio-économiques, engendrant des répétitions inutiles et sont coûteuses et peu rentables. Il faut au contraire rassembler les petits États en de plus larges communautés socio-économiques. Lorsque deux communautés atteignent un niveau semblable de développement, elles doivent fusionner en une communauté plus grande. Ce processus d'unification débouchera peu à peu sur la formation d'une seule communauté socio-économique pour toute l'Inde. Dans la phase suivante, à la suite d'efforts continus de croissance et de développement, tout le Sud et le Sud-est asiatiques fusionneront en une même communauté socio-économique. À terme, le monde entier fonctionnera comme une seule et même communauté socio-économique. À ce stade de développement, les groupements socioéconomiques seront dans un état de parfait équilibre et la fraternité universelle deviendra une réalité.

Un esprit universaliste mais une démarche régionale

Les communautés socio-économiques ne peuvent que gagner très rapidement en popularité dans le monde entier. Bien qu'il y ait une diversité d'expressions culturelles et de possibilités socio-économiques, il ne faut pas permettre à ce qui fait différence de diviser l'humanité. Si l'on met en avant les sentiments communs aux êtres humains et que l'on fonde le développement collectif sur ce qui unit, la diversité enrichit l'humanité au lieu de la déchirer. Si chaque communauté socioéconomique s'inspire d'une idéologie prenant tous les plans en compte et d'une vision universelle, la société humaine progressera de plus en plus vite vers un sublime idéal.

Un fondement idéologique sain est la condition préalable à tout regroupement socio-économique. Un tel fondement est l'humanisme universel qui a le potentiel d'unir toute l'humanité. L'humanisme universel ne s'établira pas du jour au lendemain sur la Terre mais se concrétisera progressivement, étape par étape. Il comprendra chaque personne de ce monde, sans exception, ainsi que les animaux, les plantes et le monde inanimé. Qu'une seule personne reste hors de son influence et devienne la victime de l'exploitation, ébranlerait ses fondements. C'est pourquoi la TUP a adopté, pour résoudre les problèmes socio-économiques, une méthode rationnelle que l'on peut qualifier d'universelle en esprit mais de régionale dans sa façon de gérer les problèmes.

Se protéger de toute exploitation future

Une fois des communautés socio-économiques établies dans le monde entier, comment éviter toute exploitation future ? La société ne sera durablement protégée de toutes formes d'exploitation que si la vie sociale est fermement établie dans une idéologie « complète et équilibrée »[1], qu'elle dispose d'un fondement spirituel empirique, de cadres spirituellement orientés et de bonnes institutions.

Une idéologie complète et équilibrée doit avoir plusieurs aspects. Elle doit tout d'abord pouvoir servir de base à l'analyse rationnelle des problèmes socio-économiques et à la formulation de solutions appropriées et raisonnées prenant en compte

---

[1] « *integrated* » dans la version anglaise. (ndt)

tous les aspects de la vie. Deuxièmement, elle ne doit pas ignorer le besoin humain d'expansion psychique et d'émancipation spirituelle. Troisièmement, elle doit être empreinte de dynamisme et de vitalité de sorte à guider l'humanité en avant, dans sa quête de progrès intégral.

Un fondement spirituel empirique protégera la société de toutes les tendances séparatistes et de tout esprit de groupe ou de clan qui enferme dans l'étroitesse d'esprit. La spiritualité ne fait pas de distinctions contre nature entre les êtres humains. Elle représente l'évolution et l'élévation, et non la superstition ou le pessimisme.

Des cadres spirituellement orientés constitueront un frein moral à toute forme d'exploitation et propageront des valeurs morales et spirituelles dans toute la société selon le précepte : « Viser son propre salut et le bien-être de tous ! » *[(átma-mokśártham jagaddhitáya ca)].*

De bonnes institutions, pour finir, sont nécessaires pour répondre aux besoins et aspirations des gens et servir la cause du bien humain. La nécessité d'un gouvernement mondial semble déjà une évidence à de nombreuses personnes et dans le futur, une fois mis en place, il faudra progressivement renforcer son pouvoir. Chaque communauté socio-économique devra avoir une grande latitude pour son développement intégré[1], dans le cadre du gouvernement mondial.

Le système de groupements socio-économiques de la TUP est une méthode de gestion complète des problèmes socio-économiques auxquels la société doit faire face. Si l'on adopte cette méthode, la société progressera à vitesse accrue, surmontant toute servitude et tout obstacle. La société humaine jouira d'un avenir brillant et glorieux.

Calcutta, octobre 1979

---

[1] au sens économique (voir note 1 p. 117) et donc « bien coordonné, dense et répondant aux multiples besoins. » (ndt)

Mouvements socio-économiques

Dans presque tous les pays du monde, des groupes économiquement privilégiés, ou relativement plus avancés, exploitent sans pitié des groupes plus retardés économiquement, absorbant leur vitalité, bâillonnent leurs voix et leur bloquent toute voie de développement futur. Pour surmonter cette tyrannie et cette exploitation, il faut lancer des mouvements pour que ces gens opprimés puissent hardiment avancer à grand pas, lutter contre tout type d'exploitation et atteindre à l'indépendance économique. Nul ne peut nier la nécessité de cette démarche, de ces mouvements, parce qu'agir ainsi est véritablement humaniste. Ne pas aller dans ce sens serait contre-nature et anti-humain ; s'opposer à ces mouvements reviendrait à faire le jeu des intérêts mis en place par les forces d'exploitation et réactionnaires.

La TUP est toujours du côté des exploités, indépendamment de leur race, nation, religion, etc., et s'oppose à tout type d'exploitation. La pauvreté étant le problème principal du monde actuel, la priorité de la TUP est de s'opposer à l'exploitation économique, celle-ci affectant les moyens d'existence et la vie des gens.

Pour résoudre ce problème et d'autres problèmes socio-économiques pressants, il est donc nécessaire de lancer dans le monde entier des mouvements populaires, se fondant sur des sentiments anti-exploitation et universels. Ces mouvements doivent s'opposer à toute forme d'exploitation : économique, psychique, culturelle et psycho-économique. Il leur faut de plus entreprendre des actions concrètes pour améliorer la situation générale de la population.

Pour être en mesure de supprimer l'exploitation et de bâtir une société juste et bienveillante, on doit avoir à l'esprit les six points suivants :

Le plein emploi de la population locale

Premièrement, il faut le plein emploi de la population locale. Le droit fondamental de tous est de gagner suffisamment pour se procurer le minimum nécessaire, comprenant au moins : une nourriture et des vêtements convenables, un logement décent, une bonne éducation et de bons soins médicaux. On doit satisfaire ce droit fondamental par le plein emploi et non par des prestations sociales ou des indemnités de chômage. Le chômage est un des problèmes économiques les plus critiques du monde d'aujourd'hui et le plein emploi de la population locale est l'unique réponse à ce problème.

On définit comme « population locale », les personnes qui ont identifié leurs propres intérêts socio-économiques à ceux de la communauté socio-économique dans laquelle elles vivent. Le critère principal est que les gens identifient leurs intérêts socio-économiques à ceux de leur communauté socio-économique, indépendamment de leur couleur de peau, de leurs croyances, de leur race, langue maternelle, lieu de naissance, etc. Il faut considérer ceux qui gagnent leur vie dans une communauté socio-économique mais qui dépensent leurs revenus dans une autre communauté socio-économique comme étrangers à la population locale, étant donné que cette pratique n'est pas en accord avec les intérêts de la communauté socio-économique qui les emploie. Cela draine les capitaux nécessaires à la croissance continue de cette communauté et sape son développement économique.

Les capitalistes ou groupes de capitalistes sont aujourd'hui les exploiteurs économiques les plus pernicieux qui soient. Partout dans le monde, ils exploitent les économies locales et drainent sans cesse leurs richesses. Dans presque tous les cas, les profits qui leur reviennent sont dépensés hors de la région de production et versés à des actionnaires extérieurs et à des sociétés mères. Pour juguler cette exploitation économique, il est indispensable de fermer immédiatement les Bourses de tous les pays du monde.

Afin de créer le plein emploi de la population locale, la TUP est en faveur d'un plan économique double : à court terme et à long terme.

Dans le plan à court terme, on lance immédiatement des industries à forte main-d'œuvre produisant les nécessités minimums vitales de la collectivité ou on les rend plus productives si elles existent déjà. Ces industries doivent s'appuyer sur les besoins de la consommation. Elles doivent aussi générer un profit raisonnable, permettant de garantir à ses employés un pouvoir d'achat convenable et d'assurer leurs propres pérennité et croissance. Dans le nord du Bihâr, par exemple, qui n'a pratiquement pas d'industries, on peut démarrer toutes sortes d'agro-industries [voir p. 215] pour réduire le problème de chômage de la région.

Le plan à long terme consiste à développer en même temps des industries à fort capital pour accroître la capacité productive de la communauté socio-économique.

La TUP recommande une structure économique à trois niveaux, formée de commerces privés de petite taille, de coopératives de taille moyenne et d'industries clés de grande taille gérées par le gouvernement local. Cette structure économique doit se construire sur les principes d'autonomie, d'utilisation maximale, de distribution rationnelle, de décentralisation, de rationalisation et d'accroissement progressif du niveau de vie de tous.

En créant sans cesse de nouvelles industries, de nouveaux produits et de nouvelles techniques de production tenant compte des toutes dernières découvertes scientifiques, on peut accroître la vitalité de l'économie.

Le plan économique à long terme comprend également l'éventuelle réduction progressive du temps de travail, pour préserver le plein emploi.

Pour résoudre le problème du chômage, à court terme comme à long terme, il est nécessaire de connaître précisément les tendances déficitaires ou excédentaires du marché du travail en emplois manuels et intellectuels. En Inde, par exemple, il y a un excédent de travailleurs manuels dans le nord du Bihâr, dont l'économie est essentiellement agricole, et un excédent de travailleurs intellectuels à Calcutta. Aux deux endroits, il y a beaucoup de chômage. Dans la plupart des pays du monde où le chômage est élevé, il y a un excédent de travailleurs manuels. Il est donc nécessaire de démarrer des industries à forte main-d'œuvre pour créer de l'emploi. Dans les cas où il n'y a pas la main-d'œuvre [qualifiée] nécessaire à une industrie en expansion, on peut faire appel à des programmes de reconversion et de qualification pour obtenir des travailleurs qualifiés.

Une autre façon de résorber le chômage, en particulier dans les communautés rurales, est l'utilisation des plantes pour une autonomie économique. Toutes les communautés socioéconomiques ont la possibilité d'accroître la variété de leurs plantes et cultures en sélectionnant celles les plus adaptées au sol, à la topographie, aux conditions climatiques, etc. de leur région. La reforestation peut reconquérir les zones arides et semi-arides, et certaines plantes qui ont la capacité d'attirer les nuages, comme la fougère, peuvent transformer radicalement la pluviosité et le climat d'une région. Les agro-industries, en s'appuyant sur le potentiel productif de différentes plantes, peuvent aussi résorber le chômage rural en créant une gamme de nouveaux produits et services. Ce programme révolutionnaire d'utilisation rationnelle des plantes, qui est aussi l'expression pratique des idéaux du Nouvel humanisme, a de multiples dimensions.

Un développement industriel local maximum

Le deuxième point d'une démarche selon la TUP est de vouloir développer un maximum d'industries sur place, en fonction des matières premières disponibles ou de la consommation des habitants. Ce principe développera le potentiel économique d'une communauté socio-économique en mettant le pouvoir économique aux mains de la population locale, privant ainsi les étrangers de leur contrôle sur l'économie. La plupart des industries d'une économie [selon la TUP] seront gérées comme des coopératives d'agriculteurs, de producteurs, de fabrication ou de consommation, générant un nouvel esprit coopératif, une dynamique coopérative. Cette manière de faire mettra le pouvoir économique aux mains de ceux qui travaillent physiquement ou intellectuellement pour une juste production, privant les capitalistes de leur pouvoir d'exploitation économique. On s'assurera ainsi d'un développement industriel maximal.

Plusieurs corollaires découlent de ce second principe.

Le premier corollaire est que les industries doivent utiliser des matières premières présentes dans la région et ne pas en importer provenant d'autres communautés socio-économiques. Les matières premières sont les ingrédients ou ressources de base nécessaires pour fabriquer les produits finis. L'industrie du pneu, par exemple, requiert des plantations d'hévéas, étant donné que la sève d'hévéa est la matière première de cette industrie. Si la topographie de la région permet une culture intensive d'hévéas, on peut démarrer des industries autour de cette matière première ou, si l'on dispose d'un matériau synthétique alternatif, développer l'industrie du pneu synthétique.

Il y a plusieurs raisons pour lesquelles les industries doivent utiliser des matières premières locales.

Premièrement, le potentiel socioéconomique change d'une région à l'autre. Certaines régions sont plus propices à la production de certaines matières premières, comme dans le cas des matières premières d'origine végétale. Les industries s'appuyant sur les matières premières locales peuvent produire des articles bon marché, étant situées près des sources de matières premières, et assurer leur autonomie. Dépendre de matières premières importées ne comporte pas ces avantages.

Deuxièmement, les producteurs de matières premières, en particulier ceux regroupés en coopératives, prospéreront car il y aura un marché tout trouvé pour leurs produits.

Troisièmement, les industries seront rassurées de savoir qu'il y a assez de matières premières pour satisfaire leurs besoins et seront à même de planifier leur production future efficacement.

Quatrièmement, de nombreux gros capitalistes influencent délibérément les décisions économiques et politiques d'une région en empêchant le développement d'industries locales s'appuyant sur les matières premières locales. Ils exploitent encore plus la population en vendant sur les marchés locaux des produits manufacturés à partir de matières premières produites localement. L'Australie, par exemple, importe de nombreux produits manufacturés du Japon qui sont fabriqués à partir de matières premières australiennes. Encourager l'essor d'industries locales utilisant les matières premières locales mettra fin à la domination que des capitalistes, ou des groupes de capitalistes, exercent sur les marchés locaux, et au drainage d'un capital vital pour la croissance de l'économie locale.

Un deuxième corollaire du deuxième point est de ne pas exporter les matières premières locales – il ne faut exporter que des produits manufacturés. Les prix des matières premières locales, sur le marché de l'exportation, sont sujets à des manœuvres [boursières] et à des fluctuations irrégulières car elles sont actuellement échangées dans des Bourses contrôlées par les groupes d'intérêts en place. Pour éliminer la malhonnêteté du domaine des échanges commerciaux, il faut, autant que faire se peut, instaurer le libre-échange dans le monde entier.

Les produits manufacturés sont, de leur côté, généralement moins sujets aux manœuvres boursières et se vendent plus chers que les matières premières. La manufacture de produits finis locaux permet à une communauté socio-économique de préserver sa réserve en or et d'améliorer le pouvoir d'achat de sa population.

Un troisième corollaire est qu'il ne faut autoriser l'importation de produits manufacturés nécessaires à l'industrie locale que s'il n'y a pas la possibilité de les produire localement. Importer des produits manufacturés revient à transférer du capital à la communauté socio-économique qui les produit. Le drainage de capital nuit toujours au développement économique d'une communauté socio-économique et il faut donc toujours décourager toute importation non nécessaire. Les communautés qui commercent entre elles doivent signer des accords d'échanges commerciaux de sorte qu'aucune des parties n'ait à déplorer de perte nette. Dans le commerce extérieur, les accords d'échanges commerciaux profitent tout particulièrement aux communautés socio-économiques qui ont peu de produits à vendre et un grand nombre de produits à acheter et dont les produits à vendre sont, bien que peu nombreux, en quantité importante.

On peut donc, là où il y a abondance de matières premières, développer des industries pour répondre à la demande locale de consommation et, le cas échéant, exporter le surplus. La présence de matières premières assurera la viabilité à long terme des industries locales.

Éviter d'importer des produits

Le troisième point de la démarche selon la TUP est de ne pas importer des produits finis que l'on peut produire localement. Ce point suppose que la population locale soutienne ses industries locales en achetant leurs produits finis. Elle doit acheter les produits finis des industries locales même s'ils sont initialement de moins bonne qualité que les produits manufacturés hors de la communauté socio-économique car cela assurera la viabilité et la croissance à long terme des industries de la communauté. Avec l'appui constant de la communauté, les industries locales se développeront et produiront des biens de meilleure qualité. Par contre, si l'exploitation économique, politique ou psycho-économique pousse les gens à acheter des produits manufacturés hors de leur communauté socioéconomique au lieu de ceux produits localement, les industries locales en développement pourraient être forcées de fermer, générant du chômage et d'autres problèmes sociaux et économiques. Il faut donc sensibiliser la population pour qu'elle achète des produits locaux au lieu de produits importés lorsque c'est possible. Pour y arriver, il faut lancer des mouvements populaires capables d'éveiller la conscience économique de la population locale.

Quand les Britanniques dirigeaient l'Inde, l'Inde importait du sel alors qu'elle avait la capacité de fabriquer du sel sur place. Les meneurs indiens organisèrent alors un mouvement de désobéissance civile et se mirent à faire leur propre sel, boycottant le sel britannique. Ce mouvement enflamma l'imagination du peuple et obtint son soutien, rendant le peuple indien conscient de l'exploitation britannique. Ce mouvement réduisit le prix du sel, ingrédient indispensable de la plupart des mets indiens et généra des emplois en créant une industrie du sel locale. Cela évita aussi au pays de voir ses richesses drainées par les fabricants de sel britanniques. Cela accrut de plus la conscience du peuple indien et sa polarisation en pro et antibritanniques.

L'utilisation de la langue locale dans l'enseignement

Le quatrième point d'une démarche suivant la TUP est d'utiliser la langue locale comme véhicule de l'enseignement, du primaire à l'enseignement supérieur. La culture est le résultat de toutes les expressions humaines et la langue, le meilleur véhicule d'expression de la culture humaine. Si les différents groupements socio-économiques doivent encourager toutes les langues, chaque communauté socio-économique doit utiliser la langue locale, pour donner confiance en soi et respect de soi à la population locale. Encourager une identité culturelle positive est une composante importante du développement socioéconomique d'une région et est un facteur essentiel pour créer affinités et sentiment d'unité entre les gens.

L'utilisation de langues non locales comme véhicule de l'enseignement ne conduit qu'à la répression et à l'assujettissement de la langue locale, ce qui aboutit inévitablement à la répression de la culture locale. Cela provoque à son tour une démoralisation, des complexes d'infériorité et un état d'esprit défaitiste. Chaque fois que l'on ébranle l'héritage sentimental d'un groupe de personnes, il devient la proie facile de l'exploitation économique, politique et psycho-économique des groupes d'intérêts en place. Les puissances coloniales, anglaise, française, néerlandaise, espagnole, américaine et autres, adoptèrent cette stratégie de répression culturelle. [Mais] si la population locale développe une très haute conscience de son héritage culturel, elle peut facilement se débarrasser de tous les complexes d'infériorité qui l'empêchent d'atteindre à l'autonomie socio-économique.

L'introduction de la langue locale comme véhicule de l'enseignement, du primaire à l'enseignement supérieur, rendra aussi à la population locale le contrôle de ses institutions éducatives, la débarrassant des préjugés, partis pris et enseignements culturels qui perpétuent l'assujettissement. Au Bengale et au Chattisgarhi par exemple, nombre d'institutions éducatives sont dirigées par des personnels qui ne sont pas du pays et qui, immigrés d'une autre région, conservent encore leurs préjugés culturels. La même situation se produit dans de nombreux pays sous-développés ou en voie de développement.

La langue locale comme principal moyen de communication

Le cinquième point d'une démarche selon la TUP est d'adopter la langue locale comme moyen de communication dans les institutions et bureaux gouvernementaux comme non gouvernementaux. Quand les Britanniques dirigeaient l'Inde, ils concentrèrent leurs activités économiques dans quelques centres tels Bombay, Calcutta, Delhi et Madras. La classe capitaliste indigène, qui agissait de connivence avec les Britanniques, avait pour habitude de faire venir des travailleurs et des cadres de l'extérieur pour perturber l'économie locale et mieux la contrôler. L'administration britannique imposa l'anglais à la population locale et se donna beaucoup de mal pour éduquer à l'anglaise des dizaines de milliers d'employés de bureau indiens et s'assurer ainsi de la domination de la culture britannique dans l'économie indienne.

Si la population locale exige que la langue locale soit le moyen d'expression sur son lieu de travail, la population non locale à la tête des industries locales pourrait devoir quitter la région, laissant plus de perspectives d'avenir professionnel à la population locale.

Répondre aux demandes socio-économiques locales

Le dernier point de la démarche des mouvements socio-économiques se réclamant de la TUP est de répondre aux exigences particulières d'une région. Il faut étudier la situation locale avec soin et adopter des programmes en fonction des besoins propres à la région concernée. Dans les communautés socio-économiques que sont l'Allemagne, l'Irlande et la Corée, par exemple, la priorité est la réunification de leur nation divisée. Dans d'autres communautés socio-économiques, les populations locales peuvent demander qu'on leur construise des ponts et des routes pour rendre plus accessibles les matières premières, faisant ainsi un premier pas vers le développement de nouvelles industries. Les régions dépendant de l'agriculture auront peut-être besoin de petits projets d'irrigation pour accroître la quantité d'eau d'irrigation et donc le nombre de récoltes par an.

Ce dernier point comprend donc tous les besoins locaux qu'il est nécessaire de satisfaire pour accélérer le développement économique d'une région.

Calcutta, le 31 décembre 1984

Répondre aux besoins de développement

La marche en avant des êtres humains requiert une démarche intérieure et une adaptation aux réalités extérieures. C'est-à-dire qu'il lui faut et une démarche spirituelle, intérieure et une conduite extérieure qui préserve l'équilibre des différents domaines de notre vie sociale, économique et culturelle.

L'humanité souffre actuellement de deux maux : l'un est la surabondance et l'autre est la pénurie d'aliments physiques comme aussi psychiques.

La plupart des pays développés souffrent de surabondance. Dans le cadre d'une croissance régulée, on peut adapter la situation et minimiser les pénuries de biens physiques comme psychiques[1] avant qu'elles ne deviennent des problèmes chroniques. La plupart des pays du monde vont vers ce type d'ajustements. Tout le monde reconnaît la nécessité de ces ajustements, c'est pourquoi vous ne rencontrerez quasiment pas de capitalisme aveugle dans le monde d'aujourd'hui. En dépit de cette tendance, les pays développés souffrent toujours d'une mauvaise adaptation et utilisation des ressources.

Le deuxième problème est le manque d'aliments physiques et psychiques. Le marxisme est, comme le sait toute personne réfléchie, un mal psychique. Ceux qui souffraient de manques physiques ou psychiques furent séduits par les évangiles ronflants du marxisme. [Mais] Parce que le communisme encourage lui-même ces manques, les gens vivant dans les pays marxistes en souffrent encore aujourd'hui.

---

[1] Biens et activités culturels et spirituels mais aussi l'accès aux services de nature intellectuelle comme les conseils d'un médecin, d'un agronome, d'un avocat, etc. (ndt)

La situation mondiale s'aggrave de jour en jour et ces problèmes mettent l'humanité en danger. Les pères et apôtres du capitalisme, comme ceux du communisme, souffrent de maux psychiques et les deux systèmes souffrent aussi de manques physiques et psychiques bien que ceux qui vivent sous le communisme soient sans aucun doute les plus mal lotis. Le monde entier est sous la tyrannie du capitalisme ou du communisme. Dans le capitalisme, il y a une mauvaise utilisation et répartition à la fois de l'énergie, des ressources humaines et de l'argent, et dans le communisme, les gens n'ont pas libre accès aux ressources qui leur permettraient de se développer intégralement. Le problème est celui d'une mauvaise harmonisation sociale, économique et culturelle. Que faire alors pour y remédier ?

Il y a des centaines de millions d'affamés dans le monde. AMURT[1] doit prendre ses responsabilités et faire quelque chose de concret pour eux. Nous devons leur donner une nourriture substantielle sinon ils continueront de souffrir de malnutrition. Nous devons leur donner des aliments nutritifs, il ne suffit pas de les alimenter. Il est, par exemple, inutile de leur donner des patates douces parce qu'elles ont très peu de valeur nutritive. La patate douce a moins de valeur nutritive que le tapioca. Les gens resteront dans ces cas-là mal nourris, en dépit de leur ventre plein.

Les zones de pauvreté

Dans de nombreuses régions d'Inde, la majeure partie de la Chine et certaines régions d'Amérique du sud et d'Afrique, les gens souffrent de la faim. La nourriture de base des habitants

---

[1] L'auteur a fondé en 1970 l'organisme non gouvernemental A.M.U.R.T. (*Ánanda Márga Universel Relief Team*, l'équipe d'aide humanitaire d'Ánanda Márga) qui œuvre dans le monde entier par des secours d'urgence sur le terrain des différentes catastrophes et aussi par de nombreux programmes de développement. (ndt)

du district de Purulia au Bengale occidental se réduit à des graines d'herbe pendant quatre ou cinq mois de l'année. Dans la plus grande partie de l'Afrique, les populations se nourrissent de rats et de souris. En Inde, des graines d'herbe, en Afrique, des rats et des souris !

En Inde, il y a quatre régions principales : l'Est, l'Ouest, le Nord et le Sud. Dans l'Est, il y a un maximum de pauvreté. (…) En Orissa, au Maharashtra et dans le *Ráŕh* au Bengale occidental, les fermiers vendent le blé et le riz qu'ils cultivent et consomment à la place des graines de graminées inférieures ou des graines d'herbe. Ils souffrent en conséquence d'une sérieuse malnutrition qui les rend vulnérables aux attaques de la lèpre. Le district de Purulia [dans le *Ráŕh*] est l'une des régions d'Inde les plus touchées par la lèpre. La malnutrition est la cause principale de la lèpre.

En Asie du Sud-est, l'Indonésie et le Vietnam sont pauvres tandis que la Malaisie et Singapour sont riches. La situation de la Thaïlande est relativement bonne. En Indonésie, la population vit principalement de riz ; la soupe y est l'aliment des riches. On rencontre de la sous-alimentation dans presque toute la Chine.

Il n'y a pas beaucoup de sous-alimentation en Amérique du nord. En Amérique centrale, le Mexique est plus pauvre que l'Inde, et le Honduras aussi est pauvre. En Amérique du sud, tous les pays sont pauvres. Le Venezuela s'en sort mieux que le reste de l'Amérique du sud mais s'il ne fait pas des efforts pour devenir autosuffisant, il se trouvera en difficulté économique quand son pétrole sera épuisé. Le Brésil, qui est un grand pays, et le Pérou, dont l'un des aliments de base est le riz, sont les pays qui s'en sortent le plus mal. Des gens manquent également de nourriture au Paraguay et en Uruguay.

Au Moyen-Orient, les pays producteurs de pétrole, bien que suffisamment riches, souffrent d'une inadaptation socio-culturelle.

En Afrique, de larges parties de la population sont confrontées à beaucoup de pauvreté et de souffrances. Il y a des affamés dans toute l'Afrique. Certains pays ont le riz pour aliment de base mais, de nos jours, le riz est principalement un aliment de riche.

Même en Europe, dans certaines parties du pays de Galles et du centre de l'Écosse, de graves pénuries d'aliments nutritifs surviennent. Les gens vivent de pommes de terre et quand la récolte est mauvaise, ils souffrent de malnutrition.

Nous devons faire quelque chose de concret pour ces personnes, sinon la faim de cette population opprimée et dans la détresse détruira la paix et la tranquillité du monde entier. Vous ne devez pas oublier cela. Il faut envoyer sur le champ de la nourriture vers ces régions sous-alimentées.

S'attaquer à la malnutrition

Quand vous vous sentez responsable de la planète entière, résoudre le problème de la malnutrition devient votre devoir sacré. Quelle est la cause de ce problème ? La cause est la distribution irrationnelle qui sévit au sein des [différentes] économies du monde. La solution à long terme de ce problème économique est la TUP mais dans l'immédiat il faut résoudre de toute urgence les pénuries alimentaires elles-mêmes. Que faites-vous pour cela ? Vous ne pouvez fuir vos responsabilités. Le monde entier vous attend. C'est le devoir sacré de notre équipe d'aide humanitaire (AMURT et AMURTEL[1]), qu'elle prenne ses responsabilités !

La seule solution au problème mondial de sous-alimentation et de mauvaise adaptation ou répartition des ressources est de mettre en œuvre des programmes généraux de développement. Ces projets de développement sur plusieurs plans, qui

---

[1] Voir note 1 p. 114, AMURTEL est l'acronyme d'AMURT *Ladies managed* (ndt)

sont fonction du niveau de pauvreté dans le pays, visent à l'élévation immédiate du niveau de vie des populations et à un développement intégré[1] à travers le monde entier. Ces projets, qui
valent pour toute la planète, incluent l'aide temporaire et l'aide
permanente ainsi que l'amélioration du niveau d'instruction et
de formation partout où cela s'avère nécessaire. En Europe, par
exemple, en Roumanie, en Albanie et dans les États des Bal-
kans[2], nous devrions nous concentrer sur l'aide temporaire ; au
Portugal, sur l'aide permanente ; et au Groenland sur l'éducation. Le pays basque espagnol est pauvre, tandis que le Groenland a peu d'habitants. Il faut se mettre au travail dans les régions aux besoins les plus pressants et rayonner à partir de là.

L'Italie est développée mais non extrêmement développée.
Elle a passé le cap du pays en développement – c'est-à-dire la
frontière entre « en développement » et « développé ». Elle est
plus développée que le Portugal et presque aussi développée
que l'Espagne. Elle peut développer plus avant son horticulture,
ses ressources forestières et ses richesses souterraines. On peut
aussi y pratiquer la sériciculture, en particulier sur mûrier. On
trouve du pétrole dans la partie sud de la Sicile et en Sardaigne.
L'Italie a un grand potentiel rizicole et devrait également cultiver un peu de blé. La vallée du Pô est une zone de riziculture.
Le sud de l'Italie produit des fruits méditerranéens et l'on peut
davantage développer cette industrie. Il existe sans nul doute de
grosses industries comme des raffineries et des aciéries, mais
les autres [produits de la] grosse industrie sont importés d'autres pays.

---

[1] Au sens économique du mot intégration : de même qu'on parle de circuit
« intégré », c'est un développement qui rassemble autour de lui tout ce qui
lui est nécessaire pour être autonome. (ndt)
[2] L'Europe du Sud-Est (ndt)

Apporter une aide sur tous les plans

Comment devrions-nous procéder ? Nous devrions tout d'abord nous attacher à résoudre les problèmes critiques du monde en déployant une aide sur tous les plans, dans tous les pays du monde sans exception. Nous devons cependant résoudre en priorité les problèmes de tous les pays communistes, comme ceux des pays capitalistes où la population est exploitée, à cause des pénuries physiques et psychiques. Il nous faut considérer ces pays, ou certaines parties des pays qui tombent dans cette catégorie, comme des endroits critiques et leur fournir une aide exceptionnelle pour remédier à leurs pénuries tel le manque alimentaire.

Apporter une aide sur tous les plans aux populations est une extension des projets généraux de développement. Il faut apporter différents types d'aide, à la fois extensive et intensive, à tous les pays pauvres. Par aide extensive, on veut dire que l'aide doit s'étendre à tout le territoire, jusqu'au niveau des villages, tandis que l'aide intensive désigne le fait d'en faire bénéficier un maximum de personnes. Un tel programme est nécessaire à cause de la mauvaise gestion économique de nombreuses parties du globe et est indépendant de toute politique.

Nous devons aider les populations, dans leur habitat, en période de calamités et d'afflictions. Nous pouvons aussi nous faire aider de ceux qui veulent servir les autres de façon désintéressée. Les soupes populaires et les cuisines bon marché sont une bonne chose partout, tout comme d'autres services comme la distribution de vêtements, de médicaments et de matériel scolaire ainsi que des programmes de logement pour les pauvres, selon la situation. Si vous ne pouvez pas entrer dans un pays pour des opérations d'aides immédiates, vous pouvez vous rendre à la frontière et la population [sinistrée] la traversera.

Nous montrons, par cette aide générale, quel genre de société devraient établir les gouvernements pour élever le niveau de vie du plus grand nombre. Ce programme fournit aux plus pauvres et aux personnes le plus dans le besoin de chaque localité, les produits essentiels. Un gouvernement qui suit l'esprit de ce programme agit selon notre système fondé sur la TUP. Pour le progrès général de la société, nous devons donc sélectionner à cette fin tous les pays communistes et les nations sous-développées et en développement qui sont pauvres. Comme je l'ai déjà dit, nous ne devons cependant pas négliger les pays développés car ils souffrent également de pénuries. En adoptant cette approche élargie de l'aide, les gens de bien peuvent faire quelque chose pour l'humanité souffrante et opprimée. Il vous faut élever la condition des masses opprimées et de celles qui sont en train de le devenir. Vous devriez tracer un plan d'action et le matérialiser dès que possible.

L'éducation

L'une des causes principales des maux, défauts et déformations psychiques est le manque d'une bonne éducation. L'éducation consiste à bien former et exercer l'esprit. La première étape de cette formation est d'apprendre aux gens à lire et à écrire. C'est-à-dire leur enseigner les lettres de l'alphabet : A-B-C, ka-kha-ga[1], etc. Vous pouvez voir que dans la plupart des pays du monde, sur la presque totalité de la planète, la grande majorité des populations opprimées est analphabète. Elles restent à la traîne dans le domaine de l'éducation. Partout, et tout particulièrement dans les pays musulmans, vous observerez que la majeure partie de la population est opprimée. Même là où les moyens ne manquent pas, dans les pays musulmans et dans certains autres pays, les gens sont tout de même opprimés.

L'éducation est donc une nécessité absolue – l'éducation est un impératif. Vous devriez faire quelque chose pour répandre l'éducation dans chaque village du monde sans exception. Il

---

[1] Les premières lettres de l'alphabet indien. (ndt)

est clair que vous devriez faire quelque chose de concret dans le domaine de l'éducation. [Donner] une juste éducation, c'est élever la condition de l'humanité opprimée.

Calcutta, le 5 avril 1989

La pratique économique

Les particularités du système économique de la TUP

Le système économique de la TUP a plusieurs particularités. Elles comprennent la garantie des besoins minimums, un pouvoir d'achat croissant, les coopératives, le développement industriel, la décentralisation et la planification du développement. La TUP a aussi ses particularités en matière d'échanges et de commerce.

La garantie des besoins minimums

Le système économique de la TUP garantit à chacun sans exception [la satisfaction de] ses besoins minimums : la nourriture, l'habillement, le logement, les soins médicaux et l'éducation. Une fois les besoins minimums garantis, la richesse excédentaire doit être répartie entre les personnes munies de qualités et talents particuliers telles que les médecins, les ingénieurs et les scientifiques, car ces personnes jouent un rôle important dans le développement collectif de la société. Il faudrait augmenter progressivement le niveau de la couverture minimale de sorte que le niveau de vie du plus grand nombre aille toujours en s'accroissant.

Le concept de distribution égale est une idée utopique. Ce n'est qu'un slogan astucieux pour tromper les gens simples et sans méfiance. La TUP rejette ce concept et préconise l'utilisation maximale et la distribution rationnelle des ressources. Cela favorise l'augmentation de la production.

Le pouvoir d'achat croissant

Dans une économie qui se réclame de la TUP, l'élément décisif pour mettre cette [garantie des besoins minimums] en application de façon efficace, est d'accroître le pouvoir d'achat de chacun. Dans de nombreux pays sous-développés, en développement et développés, on a négligé le pouvoir d'achat des petites gens, provoquant la rupture des systèmes économiques de ces pays et une crise mondiale.

La première chose à faire pour accroître le pouvoir d'achat des gens ordinaires est de développer au maximum la production de biens essentiels et non celle de produits de luxe. Cela restaurera la parité entre la production et la consommation et permettra à chacun de bénéficier du salaire minimum vital.

Le système coopératif

Selon la TUP, le système coopératif est le meilleur système pour produire et distribuer des biens. Les coopératives, gérées par des moralistes, protégeront les gens des différentes formes d'exploitation économique. Les intermédiaires ne pourront pas s'ingérer dans le système coopératif.

L'une des raisons principales de l'échec du système coopératif dans différents pays du monde, est l'immoralité endémique propagée par les exploiteurs capitalistes pour perpétuer leur domination.

Dans une communauté disposant *d'un environnement économique intégré[1], de besoins économiques communs et d'un marché pour les biens produits,* les coopératives prospèrent. Ces éléments doivent tous être présents. Les coopératives bien gérées n'ont aucun des défauts de la propriété privée. Grâce à

---

[1] Au sens économique : les activités liées à la production et à la consommation d'un produit sont situées au sein de la même entité socio-économique. (ndt)

leur gestion scientifique, elles peuvent augmenter leur production en fonction des besoins.

Pour le succès d'une entreprise coopérative, *la moralité, une administration solide* et *l'acceptation sans réserve du système coopératif par la population* sont indispensables. Partout où ces trois facteurs sont présents à quelque degré que ce soit, les coopératives obtiennent un succès proportionnel. Pour encourager les gens à former des coopératives, il faut implanter des exemples de coopératives prospères et instruire la population des avantages du système coopératif.

Le système coopératif doit être à la pointe de la technologie dans la production et la distribution. Une modernisation appropriée permettra un accroissement de la production.

Les administrateurs d'une coopérative doivent être élus parmi les personnes possédant des parts de la coopérative. Les membres des coopératives agricoles toucheront des dividendes en fonction à la fois de la quantité de terre qu'ils ont apportée à la coopérative[1] et de la quantité de travail manuel ou intellectuel effectif qu'ils y fournissent. Pour payer ces dividendes, au début, on divisera l'ensemble des produits en deux parts égales : l'une sera distribuée en salaires, l'autre sera payée aux titulaires de parts, proportionnellement aux terres apportées.

La population locale doit être prioritaire dans la participation à une entreprise coopérative.

Pour aboutir à un développement égal de toutes les régions et non pas en favoriser quelques-unes seulement, il faut adopter un plan de développement. Ce plan de développement doit s'appuyer sur les capitaux, ressources et possibilités locales.

On peut résoudre le problème sujet à controverse de la propriété de la terre agricole par une socialisation par étape de la terre par le biais de coopératives agricoles. La propriété coopérative de la terre agricole sera instaurée petit à petit et en

---

[1] Modulée en fonction de sa qualité agricole. (voir p. 182) (ndt)

s'adaptant aux circonstances économiques locales. Au cours de ce processus, la propriété des terres [de la coopérative] ne doit pas être aux mains d'une personne ou d'un groupe[1].

La structure et le développement industriels

La TUP divise la structure industrielle en trois secteurs :
- les industries clés[2], gérées par les autorités immédiates,
- les entreprises coopératives,
- les entreprises privées.

Ce système lèvera toute confusion quant à laquelle des entreprises devrait être privée et laquelle devrait être publique, et évitera d'inutiles chevauchements entre entreprises privées et publiques.

Dans de nombreux pays sous-développés et en développement, la pression démographique sur l'agriculture est trop importante. Il n'est pas bon que plus de 45 % de la population soit employée dans l'agriculture. Pour multiplier les possibilités d'emploi, il faudrait développer dans les villages et bourgades un grand nombre d'industries manufacturant des produits dérivés de l'agriculture ou fabricant du matériel ou des produits agricoles. Il faudrait de plus donner à l'agriculture une position équivalente à celle de l'industrie, de sorte que les travailleurs agricoles puissent comprendre l'importance et la valeur de leur travail.

La politique salariale s'appuyant sur la TUP prévoit que le salaire n'est pas nécessairement payé exclusivement en argent, une partie peut être payée sous forme de biens essentiels ou même de services[3]. Il est souhaitable d'accroître graduellement

---

[1] Voir question n° 6 p. 156. (ndt)
[2] dont dépendent beaucoup d'autres industries. (ndt)
[3] Ceci est déjà le cas en France par exemple où le logement, la fourniture d'un repas sont le cas échéant comptabilisés dans le salaire et donc dans les cotisations sociales, mais la TUP va plus loin et accepte de même de la part

cet élément des salaires que l'on modulera avec la composante monétaire.

La TUP recommande une modernisation maximum de l'industrie et de l'agriculture par l'introduction de la technologie scientifique la plus adaptée. La modernisation et la rationalisation ne doivent cependant pas conduire à un accroissement du chômage. Dans le système économique collectif de la TUP, on maintiendra le plein emploi en réduisant progressivement le temps de travail hebdomadaire au fur et à mesure que l'introduction d'une technologie scientifique appropriée accroît la production. Ceci n'est pas possible dans le capitalisme.

La décentralisation

Pour matérialiser le programme économique ci-dessus, la TUP recommande une façon nouvelle et unique d'aborder la décentralisation qui repose sur :

- La formation de communautés socio-économiques dans le monde entier. Il faut former des communautés socioéconomiques sur la base d'éléments tels que des problèmes économiques communs, de mêmes possibilités économiques, des similarités ethniques, des caractéristiques géographiques communes et un héritage sentimental qui résulte d'attaches socioculturelles communes comme la langue et l'expression culturelle.[1]

Chaque communauté socio-économique doit être parfaitement libre d'élaborer son propre plan économique et de choisir les moyens de sa mise en œuvre.

- Une planification économique décentralisée à l'intérieur de chaque communauté socio-économique, que la TUP appelle « Planification à l'échelon de l'arrondissement[2] »[1], à mettre en

---

des employeurs, dans certains cas, un payement des charges sous forme de biens essentiels et de services. (ndt)

[1] Ces éléments sont discutés en détail p. 95 et suivantes. (ndt)

[2] En France, chaque département est divisé en trois ou quatre divisions territoriales administratives nommées arrondissements (à ne pas confondre

place. Les comités de planification des arrondissements seront les instances de planification les plus basses.

Une communauté politique tel un État fédéral ou national peut contenir un certain nombre de régions ou communautés socio-économiques. L'État du Bihâr, en Inde, par exemple, est susceptible d'être divisé en cinq communautés socioéconomiques : l'Angadesh, le Magadh, le Mithila, le Bhojpuri et le Nagpuri. À partir des critères précédents, on est ainsi à même de diviser l'Inde toute entière en quarante-quatre communautés socio-économiques. Celles-ci doivent être laissées totalement libres de parvenir à l'autosuffisance économique par leurs propres plans et politiques économiques.

Lorsque les habitants de ces communautés organiseront de vastes programmes pour leur libération socio-économique et culturelle générale, il y aura dans toute l'Inde un réveil socio-économique général. Si la population locale, riche ou pauvre, jeune ou âgée, cultivée ou illettrée, est mue par des sentiments anti-exploitation et universels, elle deviendra capable de lancer de puissants mouvements de libération socio-économique. Quand les gens uniront leurs intérêts socio-économiques personnels à l'intérêt socio-économique collectif, cela interrompra le drainage de la richesse économique d'une région et éliminera l'exploitation, on garantira aux populations locales le droit au plein-emploi et la population locale[2] aura la priorité, en ce qui concerne l'emploi, sur la population non locale.

L'absence de véritable développement économique génère un excédent de main-d'œuvre ; toutes les régions économiques sous-développées souffrent d'une main-d'œuvre excédentaire. Quand ce surplus de main-d'œuvre migre vers d'autres régions,

---

avec les arrondissements des grandes villes) qui ne sont malheureusement pas décentralisées (lire à ce propos la note 1 p. 137) (ndt)
[1] Le chapitre suivant lui est consacré. (ndt)
[2] Définie p. 103

la région reste à jamais sous-développée. Les régions à main-d'œuvre excédentaire doivent prendre des mesures pour employer immédiatement leur population.

En fournissant de l'emploi à la population locale, il ne faut pas oublier de prendre en compte les sentiments locaux. En s'appuyant sur le potentiel socio-économique de la région, il faut implanter un maximum d'agro-industries[1] et divers autres types d'industries adaptées aux besoins collectifs. Cette manière de faire crée de très nombreuses possibilités d'emploi. Cette politique de l'emploi permet d'augmenter le niveau de vie des populations locales.

Dans un système socio-économique décentralisé, il est facile de mettre en place une modernisation de l'agriculture et de l'industrie, de plus les biens produits sont immédiatement disponibles. Au fur et à mesure que chaque communauté socio-économique développe son potentiel économique, les écarts de revenu par habitant se réduisent entre les régions et la situation économique des régions sous-développées peut s'élever jusqu'à celle des régions développées. Quand toutes les régions deviennent autosuffisantes, le pays tout entier parvient rapidement à l'autosuffisance économique. Chaque personne sans exception peut jouir de la prospérité économique.

La planification économique décentralisée

L'économie décentralisée de la TUP suit un *principe directeur précis* qui est qu'*une planification économique efficace doit s'appuyer sur* quatre éléments fondamentaux : *le prix de revient, la productivité, le pouvoir d'achat, les besoins de la collectivité.*[2]

Les autres facteurs y participant comprennent les ressources naturelles, les caractéristiques géographiques, le climat, le

---

[1] Industries aussi bien de produits manufacturés dérivés de produits agricoles que de matériel et produits pour l'agriculture. Voir p. 215 (ndt)
[2] Éléments détaillés dans le chapitre suivant. (ndt)

réseau fluvial, les transports, le potentiel industriel, l'héritage culturel et la situation sociale.

Ayant failli à préciser un principe directeur pour sa planification économique, et à cause de la prépondérance de divers sentiments étroits, l'Inde a vu son économie paralysée par l'inertie. Des aciéries ont été implantées là où il n'y avait pas de réserves d'énergie bon marché et d'énormes raffineries de pétrole, comme celles de Mathura et de Barauni, ont été construites là où il n'y a aucune matière première dans un rayon de 1600 kilomètres. Ce genre de politique constitue non seulement un grand gaspillage et un mauvais emploi des ressources mais illustre aussi le manque de prévoyance et l'ignorance des planificateurs indiens.

Cette situation rappelle le temps où les Britanniques envoyaient le jute brut du Bengale à Dundee en Grande-Bretagne pour développer l'industrie du jute britannique. Le jour où l'approvisionnement en jute brut du Bengale s'interrompit, les usines de jute de Dundee durent fermer. Si les produits finis en jute n'avaient pas été vendus au Bengale, l'industrie du jute de Dundee n'aurait pas pu prospérer.

Cette situation économique passée s'applique à l'industrie du jute du Bengale, aujourd'hui mourante. Le climat politique actuel regorge de slogans comme : « Nationalisons les usines de jute fermées ! » et « Stop aux fermetures ! » Les dirigeants des unions syndicales amassent des fortunes en exploitant cette industrie en déclin tandis que des milliers de travailleurs sans emploi doivent vivre dans le dénuement, la faim et d'indicibles souffrances. Le Bengale ne produit même pas assez de jute brut pour faire tourner ses propres filatures de jute et doit donc importer du jute brut de l'extérieur pour alimenter les filatures existantes.

Si l'on veut assainir l'industrie du jute, il faut prendre des mesures claires et audacieuses. L'on doit réduire le nombre de filatures de jute pour qu'il corresponde aux ressources de jute brut, en baisse. Les filatures en trop doivent être soit fermées soit reconverties dans la production d'autres biens essentiels. Les filatures produisant du jute devraient fabriquer principalement du fil de jute plutôt que d'autres produits à base de jute et l'on devrait distribuer ce fil de jute aux fermiers et tisserands grâce à un système de coopératives. Si l'on adopte cette politique, les gros besoins en fil [de jute] du Bengale seront satisfaits et l'on pourra exporter la production excédentaire. L'industrie étant décentralisée, la richesse générée par la production de fil se répartira dans la population locale, mettant un terme à l'exploitation massive des riches négociants en jute et élevant le niveau de vie des populations.

C'est donc à partir des éléments ci-dessus que chaque communauté socio-économique devra formuler son propre plan pour son autosuffisance socio-économique, puis le mettre en pratique. Il ne faut pas imposer de l'extérieur des plans grandioses sans rapport avec la situation économique locale ou n'y répondant pas. On ne peut le permettre.

La planification centralisée a totalement échoué dans tous les pays du monde, y compris en Inde. Le système de planification décentralisée de la TUP requiert un plan coordonné au niveau de toute la communauté socio-économique, qui parte de la planification au niveau de l'arrondissement. [Au Bengale], par exemple, il faut un sous-plan pour tout le Rárh occidental, qui comprenne le Bankura, le Purulia, etc. ; il faut de même un autre sous-plan pour [l'ensemble comprenant] le Jalpaiguri, le Cooch Behar, le Siliguri et le Goalpara. Une véritable planification à l'échelon de l'arrondissement est de plus nécessaire dans toute la communauté socio-économique. C'est ainsi que l'on viendra à bout de la centralisation économique.

Les échanges et le commerce

La TUP présente aussi des caractéristiques propres dans les domaines des échanges, du commerce, des impôts et de la banque. La distribution des produits essentiels devra se faire entièrement par les coopératives de consommation et non par le gouvernement, des hommes d'affaires ou différents niveaux d'intermédiaires. Cela rendra impossible toute manœuvre [spéculative ou monétaire] par des profiteurs. Autant que possible, les échanges entre communautés socio-économiques autosuffisantes devraient se faire par le troc. Les produits de première nécessité devront être totalement exonérés de taxe. Il n'y aura pas d'impôt sur le revenu[1]. C'est en effet en début de production que l'on devrait prélever les taxes et prélèvements obligatoires.

Le système bancaire devra être géré par des coopératives. La banque centrale ou fédérale sera dirigée par le gouvernement [de même niveau].

La maxime d'une économie de production selon la TUP est : *« Augmenter par-dessus tout le pouvoir d'achat des gens du peuple. »* Si l'on met cette maxime en pratique, il sera facile de contrôler les prix des produits grâce au système coopératif et à la décentralisation économique.

Calcutta, juin 1979

---

[1] Cependant la TUP interdit toute accumulation de richesses sans clair consensus social (voir p. 90 ou 17). (ndt)

La planification à l'échelon de l'arrondissement[1]

Dans une économie décentralisée, on a recours à la planification économique pour le bien de la population locale. La planification économique doit utiliser toutes les possibilités physiques et supraphysiques de la région pour répondre aux besoins locaux.

La base d'une planification économique décentralisée

La planification économique doit prendre en compte les éléments suivants : le *prix de revient*, la *productivité*, le *pouvoir d'achat* et les *besoins de la collectivité*.

Calcul systématique du prix de revient : Dans de nombreuses économies rurales, c'est une tradition pour les fermiers et leur famille de travailler dans les champs pour cultiver différents produits. Au moment de fixer le prix de leurs produits, ils ne calculent pas les coûts du travail effectué pour cultiver la terre et ne paient pas de salaire aux membres de leur famille. Ils ne déterminent pas non plus le coût des outils ou machines qu'ils utilisent dans les champs et les autres dépenses encourues pour produire leurs récoltes. Ils n'arrivent donc pas à calculer systématiquement le prix de revient de leurs produits. En conséquence, ils subissent des pertes ou sont continuellement mal rétribués pour leurs produits.

Pour résoudre ce problème, il faut réorganiser l'agriculture sur le modèle de l'industrie dans le cadre du système coopéra-

---

[1] L'arrondissement français (voir note 2 p. 126). L'auteur utilise une circonscription administrative indienne à peu près équivalente en matière de population, et qui correspond à une centaine de villages indiens. (ndt)

tif. Selon la Tup, il faut traiter l'agriculture comme une industrie organisée. Alors seulement peut-on systématiquement calculer le prix de revient des produits et mettre un terme à la
pauvreté des agriculteurs ; les fermiers vendent leurs produits à
un juste prix[1] ce qui conduit à la stabilité du secteur agricole.
Dans une économie basée sur la Tup, les coûts de production doivent être déterminés de manière systématique et main-
tenus à un niveau minimum. Toutes les industries, y compris
l'agriculture et les agro-industries, doivent s'assurer que le prix
de revient d'un article donné n'excède pas sa valeur marchande. Toute unité de production doit être viable économiquement.

Favoriser la productivité : Il faut organiser l'économie de
manière à ce qu'elle ait la capacité de produire toujours plus.
L'argent doit être investi – il faut faire tourner l'argent plutôt
que l'amasser – de façon à accroître continuellement la richesse
de la société.

Ce principe conduit les planificateurs à une maximisation
de la production en fonction des besoins collectifs. Il faut une
production croissante s'appuyant sur les besoins et le plein-
emploi de toutes les populations locales. Il faudrait développer
les produits là où les matières premières sont disponibles, et ne
pas permettre la sous-utilisation de la moindre unité de production.

Lorsque les gens sont guidés par les besoins et les possibilités de leur communauté socio-économique, la loi de la productivité est bénéfique. La maximisation de la production dans
l'économie crée un environnement favorisant les investissements, l'industrialisation, l'emploi et le pouvoir d'achat, augmentant la richesse collective d'une manière toujours plus progressiste.

---

[1] Voir p. 156. (ndt)

Viser l'augmentation du pouvoir d'achat : La planification doit aussi conduire à l'accroissement du pouvoir d'achat de chaque personne. La TUP n'approuve pas la pratique existante qui considère le PIB par habitant comme l'indicateur du niveau économique d'une population[1]. Le PIB par habitant est une évaluation trompeuse et défectueuse de la richesse collective, popularisée par les économistes capitalistes pour duper les gens et couvrir leur exploitation. La vraie mesure de l'avancement économique du peuple est l'augmentation du pouvoir d'achat.

Pour *augmenter le pouvoir d'achat* des gens, il faut s'assurer de :
- la disponibilité des biens de première nécessité,
- la stabilité des prix,
- l'augmentation progressiste et périodique des revenus et salaires,
- l'accroissement de la richesse collective.

Dans une économie qui s'appuie sur la Tup, on ne met pas de limite au pouvoir d'achat ; en d'autres termes, le pouvoir d'achat ne cessera de croître. Les besoins minimaux doivent être couverts et cette couverture doit augmenter en accord avec l'époque, le lieu et les personnes. Le meilleur moyen d'y arriver est d'augmenter continuellement le pouvoir d'achat de la population proportionnellement au développement économique de la communauté socio-économique. Plus le pouvoir d'achat des gens est grand, plus leur niveau de vie est élevé.

Prendre en compte les besoins collectifs : Les planificateurs doivent aussi prendre en compte les besoins collectifs, présents et futurs, de la communauté socio-économique, dans leurs programmes de développement. En Inde, on a implanté de nombreuses industries mais on n'a pas augmenté la production d'électricité. À cause de ce manque de planification, la produc-

---

[1] Le PIB (produit intérieur brut) par habitant étant considéré comme une approximation du revenu moyen. Voir la question 1 p. 153 (ndt)

tion énergétique est en retard sur le développement industriel. C'est particulièrement évident au Bengale et au Bihâr. Il faut accorder la plus grande importance à la production des biens essentiels. Les planificateurs doivent ainsi prendre des dispositions pour pourvoir aux besoins minimums de tous, mais il ne faut pas négliger les exigences ni des personnes méritantes ni des personnes ayant des besoins particuliers, sans quoi on ne répond pas aux nécessités du siècle.

La planification à l'échelon de l'arrondissement

La planification doit s'effectuer à différents niveaux tels que ceux de l'arrondissement, de la région, de l'État, province[1] ou pays, de l'Union dont il fait éventuellement partie et du monde, mais la planification à l'échelle de l'arrondissement doit être le premier niveau de planification. La planification à l'échelon de l'arrondissement est essentielle à la décentralisation économique et devrait donc être adoptée par tous les arrondissements. La planification du développement socioéconomique au niveau de l'arrondissement devrait être prévue dans la constitution.

La quantité de ressources naturelles et humaines varie d'un arrondissement à l'autre ; on doit donc concevoir un plan économique différent pour chaque arrondissement. Il faut à cette fin un comité de planification dans chaque arrondissement qui prépare le projet de développement de l'arrondissement et exécute en conséquence les programmes de développement local. Au-dessus du niveau de l'arrondissement, se place un comité régional de planification. Nous avons donc des comités de planification, préparant et mettant en œuvre les plans et programmes locaux, dès le niveau de l'arrondissement. Rappelons que la planification s'effectue dans un ordre ascendant, elle com-

---

[1] Pour le Canada ou la Chine par exemple. (ndt)

mence à l'échelon de l'arrondissement et couvre tous les échelons de la communauté socio-économique.

Actuellement, le découpage de la plupart des arrondissements obéit à des motifs politiques[1]. La TUP s'oppose à ce genre de découpage.

Les circonscriptions d'arrondissements devraient être réorganisées en tenant compte d'éléments comme :

- *les caractéristiques physiques de la région* (comprenant les vallées fluviales, les conditions climatiques variées, la topographie, la nature du sol, le type de flore et de faune, etc.),

- *les besoins et problèmes socio-économiques des gens,*

- *leurs aspirations physico-psychiques.*

Les arrondissements doivent donc être délimités scientifiquement et systématiquement, pour être le point de départ d'une planification économique décentralisée capable de rendement.

Chaque arrondissement doit devenir économiquement sain de sorte que la communauté socio-économique soit entièrement autosuffisante. Ce n'est qu'à cette condition qu'un pays, ou une fédération, devient économiquement fort et développé au sens véritable. C'est une particularité unique de la planification économique décentralisée de la TUP.

Un plan conçu pour le développement général d'un seul arrondissement, exclusivement, est un plan intra-arrondissement. Chaque arrondissement doit posséder son propre plan de développement, s'adaptant au plan général de la communauté socio-économique à ses différents niveaux.

Il y a cependant des problèmes qui dépassent la sphère de l'arrondissement et auxquels un arrondissement isolé ne peut faire face, ne peut résoudre, comme la maîtrise des inondations,

---

[1] Ceci est en fait vrai en France pour les cantons, dans la mesure où ce sont des circonscriptions électorales. (ndt)

l'aménagement des vallées fluviales, les systèmes de communication, les établissements d'enseignement supérieur, les projets de reboisement, l'impact environnemental du développement, l'établissement d'industries clés, l'érosion des sols, l'approvisionnement en eau, la production énergétique, l'organisation d'un système de commercialisation, etc.

Il est donc nécessaire pour les arrondissements de coopérer entre eux. On parle alors, pour qualifier la planification associant différents arrondissements, de planification interarrondissements.

La planification inter-arrondissements consiste à organiser et harmoniser le développement socio-économique d'un petit nombre d'arrondissements voisins par un projet économique commun dans certains domaines sélectionnés. Ceci s'effectuant par la concertation et la coopération.[1]

À tous les niveaux, la planification devrait viser le court terme et le long terme. Dans tous les cas, la limite pour un plan à court terme devrait être six mois, et la limite pour un plan à long terme, trois ans. Les plans à court et à long terme doivent être conçus de façon à se compléter l'un l'autre.

Les buts immédiats de la planification à chaque niveau sont de pourvoir aux besoins minimums de la population locale, d'éliminer le chômage, d'accroître le pouvoir d'achat et de rendre les communautés socio-économiques autosuffisantes.

---

[1] La division territoriale administrative qu'est l'arrondissement n'a jusqu'ici pas été décentralisée en France, seuls l'ont été les communes, les départements et les régions. Les communes, ressentant le besoin de planifier à leur niveau mais trop petites, s'efforcent de se regrouper ; elles créent pour cela des « communautés d'agglomérations » autour des villes les plus dynamiques (ce qui laisse malheureusement une partie du territoire à l'écart). Encore peu d'entre elles se mêlent de l'organisation du système marchand et industriel. (ndt)

Les avantages de la planification au niveau de l'arrondissement

La planification à l'échelon de l'arrondissement offre de nombreux avantages :

· la superficie couverte par la planification est assez réduite pour que les planificateurs comprennent bien tous les problèmes de la région ;

· les autorités locales sont en mesure de résoudre les problèmes en fonction des priorités locales ;

· la planification, étant plus concrète et efficace, donne rapidement des résultats positifs ;

· les organes socio-culturels locaux peuvent jouer un rôle actif en mobilisant les ressources humaines et matérielles ;

· on vient aisément à bout du chômage ;

· le pouvoir d'achat des populations locales augmente ;

· cela pose les fondements d'un équilibre socioéconomique[1].

Le développement des industries locales offre des avantages économiques immédiats. Le problème du chômage est rapidement résolu et il est possible, en peu de temps, de créer un environnement propice au plein-emploi permanent. *La seule manière de résorber le chômage et d'arriver au plein emploi dans le monde entier est en fait de développer des industries au niveau de l'arrondissement.* Le développement des industries locales apporte la sécurité au niveau social aux populations locales et offre plus de possibilités à leur progrès général parce que tous leurs besoins essentiels sont satisfaits.

Il faut organiser la population de chaque communauté socio-économique de manière scientifique. C'est à l'échelle de l'arrondissement que l'on doit s'attaquer au problème de la population migrante. Là où il y a une population migrante, on

---

[1] Voir le chapitre « L'équilibre socio-économique », p. 161. (ndt)

doit lui donner le choix de s'installer définitivement ou de retourner à sa région d'origine.

Différencier la planification selon les régions

Il y aura inévitablement des différences de planification entre régions. Prenons un exemple : le plan du Panjâb doit-il être identique à celui conçu pour la vallée de la Kâverî ? Les plans de ces deux régions ne peuvent être les mêmes pour trois raisons principales :

Premièrement, dans le Panjâb, les rivières de la Jehlam, de la Chenab, de la Râvî, de la Beas et de la Sutlej sont toutes d'origine himalayenne. Elles sont alimentées par les glaciers et constituent donc une source d'eau permanente. C'est la neige qui, fondant, irrigue les rivières du Panjâb. Par contre, les rivières de la vallée de la Kâverî, ou celles de la Tungabhadrâ, prennent leurs sources dans [les basses chaînes des monts] du Ghât occidental puis oriental. Ces rivières dépendent des précipitations saisonnières et, malgré les deux saisons des pluies par an de la vallée de la Kâverî, elles ne sont pas des sources permanentes d'eau, n'étant pas alimentées par des glaciers. L'incertitude de leur alimentation en eau ne permet pas de les utiliser pour la production d'hydroélectricité. Les rivières du Panjâb, par contre, ont de l'eau toute l'année ; on peut donc exploiter l'énergie hydraulique au barrage de Bhakra Nangal.

Deuxièmement, la vallée de la Kâverî a un climat extrême dû à sa proximité avec l'équateur. Le climat du Panjâb est lui aussi extrême, à cause des vents qui soufflent du nord-ouest et de l'est. À l'inverse, la vallée de la Kâverî ne peut compter sur aucun vent. En matière d'agriculture ou de production énergétique, il faut prendre en compte les variations climatiques.

Troisièmement, la vallée de la Kâverî, située dans le plateau du Deccan, est constituée dans sa partie centrale d'une terre latéritique vallonnée. Entre les collines et la mer, elle s'étale en une plaine alluviale. Seule une petite partie du plateau du Deccan contient des alluvions. Le Panjâb est, quant à lui, une immense plaine. La péninsule du Deccan est bordée de quatre côtes : la côte de l'Utkal – [du delta] de la Mahânadî à [celui de] la Godâvarî ; la côte de Coromandel – de la Godâvarî jusqu'au Cap Comorin ; la côte de Malabar – du Cap Comorin jusqu'à Goa ; et la côte de Konkan – de Goa jusqu'au Gujarat. On appelle ces régions côtières, non vallonnées, le « grenier de l'Inde ». À côté, dans la région du Télengana, sur le plateau du Deccan, sévit une pénurie alimentaire chronique. La région côtière, orientale, [le delta] de la vallée de la Kâverî – la côte de Coromandel – devrait élaborer un programme de développement. Les régions côtières peuvent cultiver à la fois des palmiers borasses et des cocotiers mais sur le plateau du Deccan, seul le palmier borasse est cultivable.

Une véritable démarche de planification doit prendre en compte tous les éléments pertinents avant de mettre les projets de développement en application.

Calcutta, 1981

L'économie décentralisée

La question économique majeure à laquelle sont confrontés aujourd'hui les dirigeants de tous les pays du monde est : « Comment accroître le niveau de vie de nos citoyens tout en augmentant la prospérité économique de l'État ? » C'est une question brûlante, en particulier pour les pays qui sont économiquement retardés. Le problème n'est pas simple car, dans de nombreux pays, la population dépend directement de la nature pour sa subsistance. Ce n'est que dans quelques pays que les peuples ont su mettre à profit leur savoir et leur sagesse pour résoudre leurs problèmes économiques.

La plupart des pays du monde – qu'ils soient capitalistes ou communistes – ont adopté une politique de centralisation économique. Dans les pays capitalistes, l'économie est centralisée entre les mains de quelques capitalistes ou de quelques institutions capitalistes, alors que dans les pays communistes, l'économie est centralisée entre les mains du parti. Après tant d'années de centralisation économique, dans quelle mesure ces pays ont-ils réussi à améliorer le niveau de vie de leur population ? Pour en juger, la question principale est de savoir si oui ou non, on a mis fin à l'exploitation économique et si l'on a garanti au peuple un pouvoir d'achat toujours croissant.

Le fait est qu'il n'y a aucune chance de venir un jour à bout de l'exploitation économique ou de résoudre définitivement les problèmes économiques du peuple dans une économie centralisée.

En Inde, les groupes d'intérêts en place ont trompé le peuple de façon répétée. Les dirigeants politiques ont fait d'innombrables promesses mais celles-ci se sont révélées n'être que de cruels canulars. La politique de centralisation économique est apparue comme une simple stratégie des capitalistes pour accumuler une part croissante de capital. D'un côté, on entretient la bonne humeur des masses crédules en leur promettant des bricoles et de l'autre, les capitalistes continuent d'amasser des fortunes gigantesques. Si nous examinons le pourquoi de ce phénomène, nous nous apercevrons qu'il a une cause évidente : toutes les politiques économiques du pays sont formulées par une poignée de personnes qui sont des piliers du capitalisme.

La seule façon d'arrêter l'exploitation économique et de soulager la détresse du peuple est d'appliquer une politique de décentralisation économique dans tous les secteurs d'activité. On ne peut faire de planification réussie assis dans un bureau climatisé situé à des milliers de kilomètres du lieu de son application. L'économie centralisée ne peut résoudre les problèmes économiques des villages éloignés. La planification économique doit débuter au niveau le plus bas, là où l'expérience, la compétence et la connaissance des personnes du coin peuvent être mises à contribution dans l'intérêt de tous les membres de la communauté socio-économique. On ne peut venir à bout des différents types de problèmes économiques qu'une fois les structures de l'économie établies de manière décentralisée.

Le problème, d'un point de vue fondamental, est de savoir comment se débarrasser de la mauvaise influence provenant de l'économie centralisée mais, en pratique, qui va se lancer dans cette dangereuse mission ? Si les groupes d'intérêts en place ne sont pas guidés par une pensée bienveillante, les gens devront prendre eux-mêmes les choses en main. Ils devront faire pression sur tous les fronts, s'unissant autour du slogan : « À bas l'économie centralisée qui engendre l'exploitation ! Nous voulons l'instauration d'une économie décentralisée ! »

La décentralisation économique est la seule voie permettant d'aboutir au bien-être général de la population parce qu'elle garantit non seulement la prospérité économique mais aussi de meilleures conditions pour le progrès psycho-spirituel

personnel ou collectif. Une fois leurs problèmes matériels résolus, les gens auront plus d'occasions de développer leurs poten-
tiels psychiques et spirituels. L'établissement de l'économie
décentralisée viendra à bout de l'exploitation économique ou
psycho-économique, réduira à son minimum l'écart entre les
riches et les pauvres, et améliorera grandement le bien-être
individuel comme collectif. Ceci multipliera les chances de
progrès psychique et spirituel pour tous les membres de la société.

Les principes de l'économie décentralisée

Le premier principe de l'économie décentralisée :

*Toutes les ressources d'une communauté socio-
économique doivent être sous le contrôle de la population
locale.*

En particulier, les ressources nécessaires à la production
des biens essentiels doivent être entre des mains locales et toutes les industries fondées sur ces ressources doivent être entièrement contrôlées par la population locale. Il faut utiliser pleinement les matières premières locales pour produire tous les
biens indispensables au développement économique de la communauté socio-économique.

La population locale est celle dont l'intérêt socioéconomique personnel ne fait qu'un avec celui de la communauté dans
laquelle elle vit. Ce concept de population locale n'a clairement
rien à voir avec l'apparence physique, la race, la caste, les
croyances, la langue ou le lieu de naissance. La question fon-
damentale à se poser est : la personne ou la famille a-t-elle
identifié ses propres intérêts socio-économiques aux intérêts
collectifs de la communauté socio-économique concernée ? On
devrait considérer ceux pour qui ce n'est pas le cas comme des
étrangers.

Il ne faudrait autoriser aucun étranger à interférer dans les affaires économiques locales ou dans le système de production et de distribution, sinon une population migrante se développera, engendrant un exode des richesses économiques hors de la région. Lorsque cela se produit, la région devient vulnérable à une exploitation économique extérieure, ce qui menace l'économie décentralisée.

L'excédent financier, disponible après satisfaction des besoins essentiels des gens de la région, devrait être distribué entre les personnes méritantes, selon leur degré de mérite. Par exemple, les médecins, les ingénieurs, les scientifiques et autres individus compétents engagés dans des activités variées nécessitent des équipements supplémentaires pour être en mesure de mieux servir la société. Alors qu'une bicyclette peut suffire à personne ordinaire, un médecin peut avoir besoin d'une voiture. Il doit cependant y avoir une disposition dans le système économique visant à réduire l'écart entre la couverture minimum fournie à tous et les équipements dont profitent les gens de mérite. Pour augmenter le niveau de vie des gens ordinaires, on peut leur fournir des scooters à la place de bicyclettes. Bien qu'un écart subsiste entre le scooter et la voiture, l'écart qui existait entre la bicyclette et l'automobile a été partiellement réduit. Il faudrait réduire autant que possible la différence économique entre les gens ordinaires et les gens méritants, et faire à cet égard des efforts incessants. Cette différence ne disparaîtra cependant jamais complètement.

Si le fossé se creuse, les gens ordinaires seront défavorisés et l'exploitation réapparaîtra dans la société sous le couvert des [suppléments de] commodités. L'économie décentralisée ne présente pas ce défaut parce qu'il lui faut d'un côté élever le niveau de la couverture minimum et de l'autre décider de la fourniture de commodités en fonction de l'intérêt général.

Le deuxième principe de l'économie décentralisée :
La production doit être motivée par les besoins de consommation et non par le profit.

La plupart des pays du monde ont adopté des systèmes économiques qui sont axés sur le profit – c'est-à-dire qu'on produit pour en tirer du profit. Les producteurs donnent avant tout la préférence aux articles qui rapportent un maximum de profit, il y a donc partout une compétition acharnée en ce qui concerne la production des produits les plus rentables. L'Inde n'y fait pas exception. Pour accroître le niveau de vie de la population, il faut mettre en place un nouveau système de production. Les besoins de consommation, et non le profit, doivent être le motif sous-jacent dans le domaine de la production.

Dans une économie décentralisée, les biens produits par une communauté socio-économique sont vendus sur le marché local même. Cela élimine les facteurs d'incertitudes dans l'économie locale, dans la vie économique de la population locale. De plus, l'argent circule à l'intérieur du marché local, évitant ainsi toute sortie du capital local. Cela réduit presque totalement les risques de catastrophe économique dans l'économie locale. Dans ce système, le revenu des gens a tendance à croître et leur pouvoir d'achat augmente continuellement. Aucun système économique dans le monde n'a été capable d'augmenter continuellement le pouvoir d'achat des gens car le pouvoir économique est concentré entre les mains de quelques-uns.

Le troisième principe de l'économie décentralisée :
La production et la distribution doivent s'organiser dans le cadre de coopératives.

L'une des raisons principales de l'échec passé du mouvement coopératif est la centralisation économique. Il est extrêmement difficile pour les coopératives de réussir dans un environnement économique d'exploitation, de corruption et de matérialisme, et c'est pour cela que les gens ne peuvent accepter sans réserve le système coopératif. Les coopératives se retrouvent en concurrence avec les capitalistes en situation de monopole sur les marchés locaux et les populations locales ne voient pas leurs droits reconnus sur leurs propres matières premières. Ce sont ces circonstances qui ont compromis le succès du mouvement coopératif dans de nombreux pays du monde.

À l'inverse, l'économie décentralisée participe de façon essentielle au succès du système coopératif. La disponibilité des matières premières locales garantit la pérennité de l'approvisionnement des entreprises coopératives, et les biens produits en coopérative peuvent facilement se vendre sur le marché local. Le sentiment de sécurité économique redouble l'intérêt et l'engagement des membres des coopératives, et permet que la population locale, rassurée sur sa sécurité économique, accepte sans réserve le système coopératif.

Dans la mesure du possible, l'agriculture, l'industrie et le commerce devraient être gérés par des coopératives. Dans ces secteurs de l'économie, il faudrait abolir, par étape, la propriété privée. Seul là où la nature complexe[1] ou la petite échelle des activités ne permet pas à des coopératives de s'en occuper, doit-on les laisser aux entreprises privées. La distribution des produits doit se faire par l'intermédiaire des coopératives de consommation. Il faut aussi prévoir des dispositions de sauvegarde adaptées aux coopératives.

Le système coopératif est absolument indispensable et il n'est réalisable qu'au sein d'une économie décentralisée. *Le système coopératif et l'économie décentralisée sont indissociables.*

Le quatrième principe de l'économie décentralisée :

La population locale trouve de l'emploi dans les entreprises économiques locales.

---

[1] Dans la mesure où l'échelle des activités reste relativement modeste. Autrement l'entreprise est vouée à être gérée par les autorités locales. (ndt)

Tant que la population locale n'est pas pleinement employée dans l'économie locale, on ne peut résoudre le problème du chômage. Ce sont les personnes locales qui doivent déterminer le niveau de la couverture minimum et les politiques de référence se rapportant à leur propre bien-être économique. Si l'on suit ce principe, le problème de l'ingérence étrangère dans l'économie locale ne se pose absolument pas.

Les coopératives procureront des emplois aux populations locales et garantiront également la pleine utilisation des compétences et savoir-faire locaux. Les coopératives devraient aussi employer les gens instruits pour éviter qu'ils ne quittent la région à la recherche d'un emploi ou qu'ils abandonnent la campagne pour la ville.

Pour développer l'agriculture, il y a un grand besoin de spécialistes et de techniciens. Les coopératives doivent donc former des ruraux sans qualification pour leur permettre d'acquérir les compétences requises pour faire prospérer le secteur agricole. Il faut, de plus, créer toutes sortes d'agro-industries[1] en fonction des besoins et des ressources de la région. Ces industries devront être gérées sous forme de coopératives.

Le cinquième principe de l'économie décentralisée :

On retire des marchés locaux les biens qui ne sont pas produits localement.

Comme l'économie décentralisée vise à développer les industries locales et à générer de l'emploi pour les populations locales, il faut, autant que possible, bannir des marchés locaux les biens qui ne sont pas produits à l'intérieur de la région. Il est essentiel que la population locale utilise les biens produits dans sa propre région pour garantir la prospérité de l'économie locale. Au départ, il se peut que les produits locaux soient inférieurs, plus coûteux ou moins faciles à se procurer que les produits étrangers ; pourtant les populations locales devraient

---

[1] Voir note p. 215 (ndt)

quand même utiliser les biens produits localement. Si les produits locaux ne répondent pas aux besoins et aspirations des gens, il faut prendre des mesures immédiates pour accroître leur qualité, réduire leur prix et augmenter l'offre, sinon cela encouragera les importations illégales.

Dans une économie décentralisée, l'application de ce principe est très importante. Si on le néglige, les industries locales mettront graduellement la clé sous la porte, les marchés locaux échapperont au contrôle des populations locales et le chômage augmentera. Une fois le principe de biens produits localement accepté, les industries locales pourront survivre et, de plus, le plus petit développement supplémentaire de leur part fera prospérer l'économie locale. On mettra un terme aux sorties de capitaux qui, restant dans la région, serviront à augmenter la production et accroîtront ainsi la prospérité de la population locale. Avec la hausse de la demande en produits locaux, les industries, petites, moyennes et grandes, prospéreront.

La transformation économique

On élaborera les politiques agricoles, industrielles et commerciales d'une communauté socio-économique conformément aux principes de l'économie décentralisée. Dans le but de garantir le plein-emploi, on s'attachera en priorité à utiliser au maximum les ressources et possibilités locales et à les répartir rationnellement, en gardant à l'esprit qu'il faut un développement économique uniforme dans toutes les régions d'une communauté socio-économique.

Les membres des coopératives doivent décider des règles en matière de production agricole, fixation des prix, vente des produits agricoles, etc. La population locale doit non seulement contrôler les organes coopératifs mais aussi superviser toutes les activités liées à l'économie locale. L'administration locale devrait aider les coopératives dans leur développement économique. Le prix des produits agricoles sera fixé de manière rationnelle en tenant compte du coût du produit (coût de la main-d'œuvre, de la matière première, du transport et du stockage) ; de l'amortissement et du fonds de renouvellement ; etc. Ce prix devrait de plus inclure un profit raisonnable, ne dépassant pas 15% du coût de production. Dans une économie décentralisée, on traitera l'agriculture comme une industrie.

Le système industriel, lui aussi, doit être réorganisé selon les principes de l'économie décentralisée. Si une partie d'un pays est sur-industrialisée, cela ne peut que gêner le progrès économique des autres régions. La décentralisation économique ne laissera pas ce genre de situation se développer. Dans une économie décentralisée, les industries clés, les industries de taille moyenne et les industries de petite taille sont gérées par différents groupes de personnes. Dans une économie centralisée – qu'elle soit capitaliste ou communiste – ces industries sont généralement gérées, soit comme des sociétés privées, soit comme des entreprises d'État.

La plupart des industries clés doivent être gérées par le gouvernement local mais sur le modèle « sans perte ni profit ». La plupart des industries de taille moyenne doivent être gérées en coopératives mais leur objectif ne doit pas être le profit et la recherche de monopole[1]. Le secteur coopératif sera le principal secteur de l'économie. Les coopératives sont le meilleur moyen pour les populations locales d'organiser leur autonomie, d'assurer leurs moyens d'existence et de contrôler leurs intérêts économiques. La plupart des industries de petite taille et des industries familiales ou artisanales seront aux mains de propriétaires privés. Les industries de petite taille devraient essentiellement se limiter à la production de produits non essentiels comme les produits de luxe. Bien qu'il s'agisse d'affaires privées, elles doivent néanmoins être capables de s'adapter au secteur coopératif pour assurer l'équilibre de l'économie.

---

[1] L'élimination de la concurrence, la production d'un produit unique mais qui ne répond à aucun véritable besoin, etc. (ndt)

Une économie rurale ne doit pas dépendre uniquement des industries familiales, cela mettrait en danger le bien-être économique de la population rurale. Si l'on organise bien les industries familiales, les femmes rurales aussi auront toutes les chances de trouver un emploi décent. L'administration locale et les coopératives devront prendre la responsabilité d'approvisionner les industries familiales en matières premières pour éviter qu'elles ne souffrent de pénurie.

L'administration locale devra aussi prendre en charge le réseau énergétique pour faciliter la production industrielle. Chaque région d'une communauté socio-économique doit s'efforcer d'être autosuffisante en énergie. L'administration locale doit fournir de l'énergie produite localement – qu'elle soit solaire, thermique, issue du biogaz, hydroélectrique, nucléaire, pneumatique, électromagnétique, marémotrice ou toute autre énergie facilement disponible localement. La production énergétique est une industrie clé que l'on doit gérer sans perte ni profit, afin de minimiser les coûts de production et d'augmenter le pouvoir d'achat des gens. Si, par exemple, une industrie artisanale produit des piles, on doit lui vendre l'énergie à prix coûtant, les producteurs de piles seront ainsi à même de réaliser un profit raisonnable à la vente de leurs piles. L'énergie utilisée pour fabriquer les piles n'est pas ici un produit industriel mais une matière première. Il faut aussi alimenter en énergie les transports, les réseaux de communications, les écoles, les universités et les hôpitaux – ce genre de choses – sans perte ni profit pour maintenir le dynamisme social. Les autorités, territoriales ou nationales, devront prendre la responsabilité de l'industrie clé qu'est l'approvisionnement en énergie.

Toutes les activités industrielles, des industries clés aux industries familiales, doivent s'organiser en concertation avec la population locale. Il faut aussi s'assurer que ce sont les personnes locales qui montent les entreprises privées. La population locale doit avoir la priorité à l'embauche et être assurée d'un emploi sur place. Si l'on suit cette politique, il n'y aura ni surplus ni déficit de main-d'œuvre parmi la population locale. Si des personnes extérieures à la région y viennent en masse, elles ne trouveront pas leur place dans l'économie locale. Dans une région où il y a une population migrante [conséquente], la sortie de capitaux n'est pas maîtrisée et sape le développement économique de la région.

L'organisation du commerce dans une économie décentralisée consiste à distribuer les biens par le biais de coopératives de consommation. Il n'y aura pas d'impôt sur le revenu mais une taxe prélevée sur la production de chaque produit. On exportera les produits d'une région ou communauté socioéconomique vers d'autres régions ou communautés par l'entremise de coopératives.

L'économie décentralisée de la TUP désapprouve l'exportation de matières premières locales. On ne devrait exporter que les produits finis, sous certaines conditions. Une fois que tous les besoins de la population locale d'une communauté socio-économique ont été satisfaits, on peut exporter les produits en excédent, mais seulement vers une communauté socioéconomique qui n'a pas la possibilité immédiate de les produire, et pour répondre aux besoins de la population de cette communauté. Même dans ce cas, ce sont des coopératives qui devront se charger directement de toutes les transactions d'importation, et l'exportation de matières premières ne devra pas être motivée par le profit. S'il n'y a pas assez de matières premières dans une communauté socio-économique pour subvenir aux besoins essentiels de sa population locale, l'on pourra importer les matières premières d'une autre communauté socio-économique, à condition que l'on puisse établir avec certitude que les matières premières sont en excédent dans ladite communauté. Une fois l'autosuffisance atteinte, il faut encourager le libre-échange car cela favorise l'accroissement de la prospérité, la parité économique entre les communautés socio-économiques et conduit à la formation de communautés socio-économiques élargies.

Une autre caractéristique importante de l'économie décentralisée est que l'argent reste toujours en circulation, dynamisant constamment l'économie. La valeur de l'argent dépend de sa circulation. Quand l'argent change fréquemment de mains, sa valeur économique augmente ; plus il circule et plus la prospérité s'accroît dans la vie individuelle et collective, et avec elle les possibilités d'un bien-être général.

Il y a un lien étroit entre la prospérité économique des gens et leur développement psychique et culturel. Des améliorations [économiques] dans la vie individuelle et collective conduiront au bien-être général d'une population. Si celle-ci ne retire pas un sentiment de confiance en soi de ses activités économiques, elle devient faible mentalement et cette faiblesse devient elle-même un obstacle à son bien-être économique. La communauté devient alors vulnérable à l'exploitation économique, politique et psycho-économique des groupes d'intérêts en place. Il faut s'opposer à cette situation malsaine avec la plus grande fermeté. C'est pourquoi, la langue locale doit être utilisée dans toutes les opérations et transactions locales. Autrement dit, la langue locale doit servir dans l'administration, le système éducatif, l'économie et les activités culturelles. Tous les organismes et services gouvernementaux et non gouvernementaux d'une communauté socio-économique donnée devraient utiliser la langue locale comme moyen de communication.

L'économie décentralisée a pour but final le bien-être total de la société. C'est un idéal complet qu'il faut instaurer dans chaque communauté socio-économique. Il apportera la prospérité économique et garantira à tous les membres de la société des possibilités accrues d'élévation psycho-spirituelle.

Calcutta, le 16 mars 1982

Questions et réponses sur l'économie

1) Question : Que voulons-nous ? L'accroissement du PIB par habitant ou l'augmentation du pouvoir d'achat ?

Réponse : Selon la TUP, les augmentations du PIB par habitant ne constituent pas un indice scientifique fiable du niveau et du progrès d'une communauté socio-économique. Cette manière de faire est, en fait, à la fois trompeuse et mensongère parce qu'elle se résume à diviser le produit intérieur brut (PIB) par la population totale. Cela ne dépeint pas avec justesse le niveau de vie des habitants d'une communauté socioéconomique, en effet cela masque les disparités de richesse dans la société. Le PIB par habitant montre la moyenne et non les variations dans la distribution des revenus. Si l'on prend aussi en considération l'inflation, cela réduit encore la fiabilité du PIB par habitant.

Le pouvoir d'achat est, quant à lui, le véritable indice de la capacité des gens à satisfaire leurs besoins économiques avec leurs revenus. Tous les plans et programmes de la TUP concernant la sphère socio-économique doivent viser l'augmentation du pouvoir d'achat de la population. La TUP met l'accent sur l'accroissement du pouvoir d'achat et non sur le PIB par habitant. Celui-ci n'est pas une bonne indication de l'amélioration du niveau de vie d'une population parce qu'un revenu élevé ne signifie pas qu'on est en mesure d'acheter les produits essentiels. Si le revenu par habitant est bas mais le pouvoir d'achat des gens haut, ils sont bien mieux lotis. C'est donc le pouvoir d'achat et non le revenu par habitant qui est la vraie mesure de la prospérité économique. Chacun doit pouvoir couvrir ses besoins par son pouvoir d'achat.

2) Question : Devons-nous soutenir les récentes revendications, exigeant des États dotés de plus de pouvoir [dans la fédération indienne] ? Quelle est notre politique ?

Réponse : Nous sommes pour la décentralisation économique. Il faut donc que les pouvoirs directement concernés par la décentralisation économique soient entre les mains des États ou des autorités locales. Sinon, comment peuvent-ils mettre en œuvre le pouvoir économique que leur confère la décentralisation ?

3) Question : Qu'est-ce qui différencie les industries de matériel et produits pour l'agriculture *(agrico-industries)* des industries de produits manufacturés à partir de produits agricoles *(agro-industries)* ?

Réponse : Les industries de matériel et de produits pour l'agriculture représentent les industries [de la phase] de pré-récolte ; elles participent – directement ou indirectement – à la croissance qualitative et quantitative rapide des produits agricoles.

Les industries de produits manufacturés dérivés de l'agriculture comprennent quant à elles les industries de post-récolte, qui utilisent la production agricole.

Calcutta, décembre 1987

*****

4) Question : Les plans de développement d'un pays ou d'une région agricole et d'un pays ou d'une région industriel(le), visant à les élever sur tous les plans, doivent-ils être en théorie identiques ou différents ?

Réponse : Entendu comme une élévation sur tous les plans, le développement est le plus grand bienfait de l'activité économique. C'est-à-dire qu'il doit se présenter comme intégré, dense et répondre aux multiples besoins. Si les principes et les théories ne changent pas, les politiques varient. La partie agricole, le mode agricole, sera le même au niveau de la théorie mais les circonstances variant, la manière de faire, l'application de la théorie, sera sans aucun doute différente.

Jusqu'à maintenant, on n'a pas développé convenablement l'agriculture en tant que structure, dont on a négligé, en fait, tous les aspects.

Selon la TUP, il faut traiter l'agriculture comme une industrie. Dans l'industrie, le coût des matières premières, de la main-d'œuvre, l'intérêt des emprunts, l'amortissement du matériel, les coûts de maintenance, le profit, le taux de rendement, etc. sont déterminés et pris en compte dans l'estimation du prix de revient. On ne le fait pas dans l'agriculture et les prix des produits sont de ce fait fixés habituellement de façon peu, ou non, rentable. Les agriculteurs sont forcés de vendre leurs produits à bas prix sous la pression de leur situation financière. On parle alors de vente à perte. Si l'on considère l'agriculture comme une industrie, toutes les règles de l'industrie s'y appliquent alors. Quand ce sera le cas, les agriculteurs ne seront pas tenus comme quantité négligeable et on ne fera pas de différences entre l'agriculture et l'industrie pour ce qui est du développement et du mode d'évaluation des coûts.

Prenons l'État de l'Orissa par exemple, il ne produit qu'une récolte de riz par an. Il n'existe pas là-bas de bon système d'irrigation, il y a donc de continuelles pénuries d'eau et les paysans restent pauvres. Il faut en finir avec cette pauvreté. Si nous traitons l'agriculture comme une industrie en Orissa, l'évaluation des coûts et la fixation des prix seront différentes. L'évaluation des coûts inclura le prix des semences, de la main-d'œuvre, des matières premières, de la caisse de retraite, du stockage ou de la gestion des stocks, de l'amortissement et du fonds de renouvellement, etc. Les agriculteurs devraient aussi inclure dans leurs coûts jusqu'à quinze pour cent de profit sur leurs produits. La valeur du produit agricole vu comme une production industrielle sera ainsi justement calculée. *Dans une économie qui suit les principes de la Tup, les acheteurs devront acheter les produits agricoles à ce prix nouvellement calculé.* C'est la juste manière de faire pour un développement intégré. Dans ce système, les agriculteurs ne seront pas exploités, ils n'auront pas à endurer d'inutiles difficultés.

5) Question : Qu'est-ce que « la valeur de la richesse » ?

Réponse : D'un point de vue économique subtil, la valeur de la richesse est la véritable richesse. Mal définie, la richesse peut ne désigner que la fortune. Mais la valeur de la richesse doit être mesurée en fonction de la capacité à acheter des biens. En d'autres mots, la valeur réelle de la richesse est son pouvoir d'achat. Les économistes n'ont pas encore bien appréhendé cette valeur réelle de la richesse en termes numériques.

Calcutta, 25 février 1988

*****

6) Question : Quel devrait être le système de répartition des parts dans les coopératives ?

Réponse : La TUP recommande la socialisation par étapes de la terre agricole qui devrait être gérée par des coopératives agricoles. Dans la phase initiale de transition vers la gestion coopérative, les parts doivent rester aux mains des propriétaires de la terre. C'est-à-dire, qu'au début, les parts des coopératives agricoles, ou d'agriculteurs, seront distribuées en fonction de la terre investie dans la coopérative. Quand le système coopératif sera complètement mis en place dans le secteur agricole, il n'y aura plus de distinction entre propriétaires terriens et non propriétaires, puisque tous les membres de la coopérative auront la responsabilité collective de l'exploitation de la terre. On ne peut cependant arriver à ce stade sans une préparation psychologique appropriée de la population.

Dans le système coopératif, il n'y a pas de place pour des parts rapportant des intérêts ; autrement dit les coopératives ne doivent pas distribuer d'actions. Les quote-parts doivent dépendre de la production de la terre. S'il y a des actions rémunérées dans les coopératives agricoles ou d'exploitants, ces actions seront alors vendues en Bourse, les capitalistes achèteront les actions, les prix des actions fluctueront en fonction de leur cotation en Bourse et les coopératives deviendront des entreprises commerciales.

Les coopératives industrielles doivent, de même, fonctionner avec des parts autorisant le paiement d'un dividende mais pas d'actions rémunérées à la manière des intérêts bancaires, sinon ces coopératives deviendront aussi des entreprises commerciales. Utiliser des actions rémunérées détruirait l'esprit du système coopératif et les coopératives passeraient aux mains des capitalistes.

Les coopératives agricoles, de production ou de consommation ne doivent donc pas émettre d'actions privilégiées et l'on doit seulement avoir recours à des parts rémunérées par un dividende [proportionnel au rendement de la part]. Les porteurs d'actions privilégiées touchent un intérêt fixe et cela que l'entreprise fasse un profit ou une perte.

[Le système] des actions privilégiées est semblable au système de fermage *(sonja)* dans l'agriculture : dans le système de fermage *sonja*, lors de l'accord initial sur la culture de leur terre qu'ils concluent avec les exploitants, les propriétaires leur imposent un loyer fixe ; cette somme doit leur être payée quelle que soit la quantité produite par l'exploitant, même en cas de perte des récoltes. Les parts à dividende sont quant à elles rémunérées par un dividende, c'est-à-dire par une part des bénéfices réalisés par l'entreprise [coopérative].

Les porteurs de parts doivent être des personnes de grande moralité. Dans les coopératives, le droit de vote doit être individuel et ne pas dépendre du nombre de parts détenues. Dans les pays capitalistes, on peut acheter des parts. La démocratie des pays capitalistes est une farce parce qu'on peut y acheter des votes et que les pauvres ne peuvent pas mener campagne.

Ni le système des communes populaires [(le communisme)] ni le capitalisme ne peuvent résoudre les problèmes de l'humanité. Seul le système coopératif peut résoudre les problèmes sociaux, culturels et nationaux de toutes sortes.

7) Question : Que sont les coopératives de services ?

Réponse : Ces coopératives n'entrent pas dans le domaine des coopératives de production ou de consommation. Les coopératives de services sont un genre subtil de coopératives, qui font partie des coopératives culturelles.

Prenons l'exemple des médecins. Les médecins devraient lancer des coopératives de services. Ces coopératives seraient des coopératives de pratique médicale. Supposons qu'un médecin ne soit pas en mesure d'ouvrir son propre cabinet ; il ou elle pourrait former une coopérative de services avec cinq ou dix autres médecins. Une telle coopérative est une coopérative de services intellectuels. Les médecins qui n'ont que peu de capitaux et n'ont pas les moyens d'installer leur propre cabinet peuvent aussi rejoindre ce genre de coopérative. Ce système mettra fin au chômage des médecins. Les médecins pourront de plus se lancer dans des recherches avec le soutien de la coopérative, bien que le travail d'un médecin soit pratique à quatre-vingt-dix-neuf pour cent et théorique à seulement un pour cent.

Outre les coopératives de services, il y a plusieurs autres genres de coopératives comme les coopératives agricoles, les coopératives de fabrication, les coopératives de consommation, les banques coopératives, les coopératives immobilières, les coopératives de rente familiale.

Le jour où l'intellectualité régnera sur la terre approche rapidement. Le système des communes populaires [(le communisme)] a échoué. Nous ne voulons ni manie communiste ni phobie philosophique. Des êtres humains développés intellectuellement dirigeront la terre et le système coopératif est pour cela indispensable.

8) Question : Si la terre est généreuse et le revenu moyen par habitant très élevé, cela signifie-t-il que toutes les aspirations psychiques des gens sont assouvies ?

Réponse : Non, pour satisfaire tous les désirs psychiques de la population, il faut :

a) Une éducation psycho-spirituelle ; sans éducation psycho-spirituelle, la société peut se diviser.

b) Un gouvernement conduit par des personnes morales.

c) Un pouvoir d'achat toujours en hausse. Si le revenu moyen par habitant est de cinquante mille roupies et le prix d'un quintal de riz de quatre-vingt mille roupies, la situation du peuple est très mauvaise.

d) Une structure socio-économique équilibrée.

9) Question : Le troc convient-il mieux aux pays sous-développés qu'aux pays en voie de développement ?

Réponse : Il convient à la fois aux pays sous-développés et aux pays en voie de développement, en particulier ceux qui ont un nombre limité de produits en surplus. Le Bangladesh, par exemple, possède un surplus de jute et de cuir. Pour ce pays, le troc est approprié.

10) Question : Qu'est-ce qui distingue le système à bonus du système « à la pièce » en ce qui concerne les primes ?

Réponse : Dans le capitalisme, la production se fait en vue du profit. Le montant des gratifications est généralement fixe.

On cache aux travailleurs le profit réel qui va directement au propriétaire. Les employés ne reçoivent donc pas d'incitations à travailler plus dur et mieux. Dans le communisme, on produit pour l'État. Les travailleurs ne se sentent pas associés à leur travail et ne sont de ce fait que peu motivés dans leur travail.

Dans la TUP, la production vise la consommation – notre système industriel se construira sur la consommation. Le profit sera réduit au maximum pour que les capitalistes n'aient pas la possibilité d'exploiter les travailleurs. Il y aura aussi une distribution rationnelle de la richesse.

On peut envisager le temps que l'on consacre à la production des biens sous trois angles : le temps assigné à une tâche donnée, le temps réellement pris pour réaliser cette tâche et le temps économisé dans l'accomplissement de la tâche. Dans le système à bonus, on calcule la prime en fonction du temps économisé et l'on paye la valeur monétaire de ce calcul au travailleur concerné. Telle est l'incitation qu'apporte le système à bonus.

Dans le système « à la pièce », on calcule la prime différemment. Prenons la fabrication de machines. [Le prix de] la main-d'œuvre, etc. – qui participe au prix de revient – est fixe. Le prix marchand est alors le prix de revient plus la marge bénéficiaire : le prix égale les coûts plus le bénéfice. On répartit les bénéfices ou une part des bénéfices entre ceux qui ont fabriqué les machines. C'est leur prime. Voilà comment fonctionnent les primes dans le système « à la pièce ». Les travailleurs recevant plus de primes, ils s'efforcent de fabriquer plus de machines. Ce n'est pas le cas dans le capitalisme d'État car les travailleurs y touchent des primes fixes qui deviennent part de leur salaire.

Les primes devraient encourager à travailler plus et mieux. Elles devraient donc être directement liées à la production. Si l'on procède ainsi, le revenu moyen par habitant et le niveau de vie des travailleurs augmenteront automatiquement.

L'équilibre socio-économique

Calcutta, le 17 septembre 1987

Vous savez, pour qu'une économie soit équilibrée, il faut un juste rapport entre agriculture, industrie et commerce. Par exemple, un pourcentage donné de la population doit travailler dans l'agriculture, un autre dans l'industrie et un troisième dans le commerce. Sans cela, il n'y a pas d'équilibre dans le domaine socio-économique.

On ne peut malheureusement aujourd'hui trouver de juste équilibre dans aucun pays du monde. Même dans des pays avancés industriellement comme la Grande-Bretagne, ce juste rapport fait défaut. Si l'Angleterre est développée, l'Écosse demeure peu avancée. Même parmi les comtés d'Angleterre, certains sont développés et d'autres en retard. Lancaster par exemple est hautement développé mais le Yorkshire, le Sussex, l'Essex et le Kent n'ont pas le même niveau de développement. (…)

Calcutta, le 6 avril 1986

(…[1]) De façon générale, pour construire une économie saine dans une région, il faut que 30 % à 40 % de sa population, ni plus ni moins, dépende directement de l'agriculture. Si c'est moins, c'est qu'on néglige l'agriculture. Si le pourcentage est supérieur, la pression sur l'agriculture est trop forte. C'est exactement ce qui s'est passé dans cette partie du district de Howrah, que dire dans cette partie, dans tout le Rárh, dans tout le

---

[1] Ici, l'auteur parle d'une région de l'Inde – une zone du district de Howrah autrefois florissante – qui a dépéri pour différentes raisons, principalement l'assèchement du fleuve, le déclin des industries rurales et la perte de l'équilibre socio-économique « par manque d'un bon système social et d'une juste éducation ». (ndt)

Bengale et toute l'Inde, et même en Chine et dans toute l'Asie du Sud-est. Une nouvelle évaluation socio-économique s'avère nécessaire pour combattre ce problème.

L'agriculture doit se développer à partir des dernières connaissances scientifiques et l'industrie doit, de même, s'organiser en parfait accord avec l'agriculture. Le pourcentage de population dépendant directement de l'agriculture ne doit pas dépasser 40 %. Là où les industries rurales ont disparu, la majorité de la population, autrefois employée dans ce secteur, se tourne maintenant vers l'agriculture. Si 30 % à 40 % de la population dépend directement de l'agriculture, alors, pour un développement économique équilibré, 20 % de la population environ doit dépendre des industries de produits manufacturés dérivés de produits agricoles[1], 20 % d'industries de matériel et produits pour l'agriculture[2], 10 % du commerce et 10 % d'emplois intellectuels ou de bureau.

[En Inde], les industries des villages ayant été ruinées, ceux qui dépendaient de ces industries se sont tournés vers l'agriculture. Le pourcentage de commerçants n'a pas beaucoup augmenté et les perspectives d'une croissance future se sont réduites. Le nombre de chercheurs d'emplois de bureau a, lui, augmenté, résultant en une montée en flèche du chômage. Les fils de paysans qui ont eu un peu d'éducation ne sont plus disposés à travailler aux champs. Ils veulent devenir des « messieurs ». Ils considèrent le travail agricole comme inférieur. Il s'ensuit, d'un côté, une pénurie de jeunes gens instruits dans l'agriculture et, de l'autre, un nombre grandissant de personnes venant d'autres activités [les industries rurales ruinées] qui se tournent vers l'agriculture. Dans les zones rurales, le pourcentage de population dépendant de l'agriculture a grimpé à 70 % ou 80 %. Quelle situation intolérable ! (…)

---

[1] Dites *agro-industries* dans le texte indien anglophone, voir p. 215. (ndt)
[2] Dites *agrico-industries* dans le texte indien anglophone. (ndt)

Les industries non agricoles[1] doivent permettre de diminuer le pourcentage de population travaillant dans l'agriculture et les agro-industries.

Le pourcentage de population employée dans les industries non agricoles doit se maintenir entre 20 % et 30 % de la population totale.

Si ce pourcentage est inférieur à 20 %, le pays est dit sous-développé industriellement. Son PIB par habitant ne peut être très élevé. Le niveau de vie non plus ne peut pas être très haut parce que le pouvoir d'achat des gens reste très limité. À cause de cette faible capacité à acheter des biens de consommation, l'indice d'importation demeure supérieur à l'indice d'exportation, la région doit demeurer le satellite d'un pays développé. Cela compromet l'équilibre du pouvoir dans le monde et ouvre la porte aux guerres.

Si le pourcentage de population employée dans les industries non agricoles se maintient entre 20 % et 30 %, cela engendre un état d'équilibre économique, un système socioéconomique équilibré.

Lorsque le pourcentage atteint les 30 %, la région est une région développée industriellement. Puis, plus ce pourcentage augmente, plus la région progresse dans la sur-industrialisation.

Pour se procurer des produits agricoles, les pays surindustrialisés s'efforcent de réduire des régions, ou pays, à dominance agricole, à l'état de satellites. Ces pays sur-industrialisés ressentent le besoin de maintenir les pays industriellement sous-développés sous leur contrôle afin de les utiliser comme marchés pour leurs produits finis. Sans marché pour les biens

---

[1] Comme les aciéries, l'industrie du laiton et des métaux, les raffineries de pétrole, les industries du sel et des médicaments de synthèse, qui ne sont ni directement des industries de matériel ou produits pour l'agriculture (comme la fabrication de pioches, de haches, de pelles et de tracteurs) ni des industries dépendant directement de la production agricole telles que les filatures de jute, les fabriques de tissu, les moulins à huile et les minoteries, les fabriques de médicaments à base de plantes, les papeteries.

de consommation fabriqués dans leur pays, ils souffriraient de récessions économiques et d'un chômage croissant. À cet égard, il n'y a pas de différence entre les pays communistes et non communistes. Ils sont tout aussi agressifs dans leur façon de faire. Ils sont désespérément en quête d'une vache à lait. Ils veulent l'attacher à leur porte et la nourrir au minimum. Il n'est pas étonnant qu'il y ait autant de guerres et de conflits dans ce monde, tant de guerres prêtes à surgir et de bruits de sabre.

Il faut fournir des efforts pour que chaque pays de ce monde puisse jouir d'une situation équilibrée de son agriculture et de son industrie, sans quoi, l'équilibre socio-économique du monde s'effondrera.

Les conséquences négatives de la sur-industrialisation engendrent la détérioration de la santé des personnes, de la société et de la politique. La dégénérescence psychique progressive des individus et des organes collectifs peut à tout moment permettre à une sorte d'épidémie psychique de devenir endémique, ce qui peut mettre en péril chaque expression de la vie. Cela n'est peut-être pas le cas aujourd'hui mais cela se produira à coup sûr dans un avenir proche.

Là où le système industriel – qu'il s'agisse des agro-industries ou des industries non agricoles – dépend d'une main-d'œuvre extérieure, la situation devient précaire. La rapidité de la dégénérescence psychique s'accélère. Cette région se met à souffrir d'une pénurie chronique de nourriture. Il ne lui est plus possible d'accroître ses débouchés pour ses biens de consommation.

Prenons, par exemple, les districts [industriels] bengalis de Howrah, Hooghly, 24 Parganas et Burdwan. Parce que dans ces districts, la plupart des ouvriers sont des étrangers, les populations locales ne connaîtront jamais de jours heureux. Aussi développées ou surdéveloppées que deviennent ces zones, elles doivent supporter les effets négatifs de la sur-industrialisation

sans pouvoir profiter d'aucun des bénéfices de l'industrialisation. Il suffit de se rendre le matin ou le soir dans le district
d'Howrah pour comprendre la situation.

Il y a, d'autre part, en Inde, maintes régions dont la population est à 90 % dépendante de l'agriculture. Il n'y a pas la
moindre industrie dans ces régions. Ce sont des zones de main-
d'œuvre excédentaire. Une structure socio-économique équilibrée n'aura ni excédent ni déficit de main-d'œuvre. Une telle
situation ne pourra pas se produire.

Il est nécessaire d'organiser le système agricole sur le modèle de l'industrie. Autrement dit, il faut déterminer les prix des
produits agricoles en tenant compte d'éléments essentiels
comme le revenu agricole, les dépenses et les besoins. En d'autres termes, les agriculteurs de Burdwan et Birbhum ne doivent
pas être forcés de vendre leur riz à perte ; les cultivateurs du
district de Hoogly ne doivent pas être contraints de vendre leurs
pommes de terre à un tarif aussi bas ; et l'on ne doit pas non
plus obliger les producteurs du district de Nadia à vendre leur
jute à bas prix pour rembourser leurs dettes.

Une réflexion générale sur la société

Les quatre types de progrès

Vous savez, dans notre univers, rien n'est immobile, rien n'est fixe, tout bouge. Le mouvement est la loi de la nature. Le mouvement est la loi de la cognition. Là où il n'y a pas de mouvement, il n'y a pas de vie. L'immobilité, c'est la mort. Ce monde physique bouge, ses cinq éléments sont en mouvement, en constant mouvement, et rien dans l'univers n'est en dehors de ce courant, de ce flot d'ensemble.

Il y a dans la structure humaine, dans la moindre cellule protoplasmique, un mouvement interne. Dans la forme protozoaire collective, autrement dit dans la structure métazoaire, l'espace inter-métazoïque augmente ou décroît sans arrêt, soutenant ainsi le mouvement.

Dans notre psychisme, la structure ectoplasmique se meut intérieurement, créant une pression externe sur d'autres microcosmes, créant aussi un mouvement dans la suprême structure macrocosmique.

Rien n'est statique, rien n'est stationnaire. Par conséquent, sur le plan spirituel, le chemin ne s'arrête jamais. Il commence à l'extrême le plus subtil du macrocosme et poursuit sa route en progressant sur son éternelle voie de Béatitude.

Voilà le système.

Dans un petit atome, les électrons bougent. Dans notre structure éthérique, la terre se déplace avec son satellite la lune. Mars se meut avec ses satellites Deimos et Phobos. Le soleil avec toutes ses planètes bouge dans l'espace éternel. Rien n'est immobile.

Dans la structure humaine, dans toutes les structures vivantes, chez tout objet animé il y a un mouvement sur quatre plans.

Votre psychisme [est] associé aux parties physiques de votre corps : vos os, vos cellules nerveuses, etc., qui – tout ceci – bougent. C'est votre mouvement physique.

Votre corps physico-psychique – autrement dit le corps psychique associé au corps [physique] – est en mouvement. Votre second mouvement est donc votre mouvement psychique.

(Le premier mouvement est le mouvement physique, le mouvement des nerfs, des cellules nerveuses, etc. Le deuxième mouvement est votre mouvement psychique.)

Le troisième mouvement est votre mouvement psycho-spirituel, qui part du plan psychique pour aller vers votre être spirituel.

Et, le plus subtil, le quatrième mouvement, est votre mouvement [spirituel], votre progrès [spirituel].

Ce mouvement [psychique] n'est pas réservé aux seuls êtres humains, c'est un mouvement caractéristique de tous les êtres vivants : tous les animaux et toutes les plantes ont aussi un mouvement [psychique]. Par ce mouvement psychique, concernant ce mouvement psychique, la pensée humaine peut se déplacer d'un lieu à un autre, convertissant une représentation mentale en une autre, transmuant un objet psychique en un ou d'autres objets psychiques.

Chez les plantes cependant, ce mouvement psychique n'est qu'instinctif. On retrouve cela également dans le monde animal. Chez les animaux peu évolués, le mouvement est purement instinctif, ils agissent par instinct, ils n'ont pas de pensées indépendantes. Chez les animaux évolués, il y a un soupçon de pensée autonome ; quant aux humains, ils peuvent penser tout et n'importe quoi. C'est la spécialité des êtres humains : avoir une pensée autonome.

Aussi, quand quelque chose d'intérieur ou d'extérieur étouffe cette pensée indépendante, lui barre la route ou la réprime, ce quelque chose qui l'entrave, constitue un danger pour le progrès humain. Lorsque le progrès psychique humain est ainsi interdit, on peut parler de dogme pour désigner cette idée, ces pensées ou ces représentations mentales humaines entravées, restreintes. Il faut en permanence libérer la société humaine de toutes sortes de dogmes, autrement le progrès humain est scellé, il est immanquablement entravé.

Le troisième progrès humain est le progrès psychospirituel. Qu'est-ce que le progrès psychospirituel ? Nous tirons du plaisir de notre progrès psychique, de nos démarches psychiques et de différentes sortes de projections psychiques, extérieures ou intérieures, pour lesquelles, plus subtil est l'objet projeté, plus l'on ressent de félicité. Il faut donc encourager chaque être humain à œuvrer à ce progrès psycho-spirituel. Il est l'apanage de l'être humain. Aucun autre animal ne peut accomplir ce progrès psycho-spirituel.

Le dernier est le progrès spirituel. Lorsque le corps psychique d'une personne, intellectuelle ou non, s'élève, se focalise totalement, celui-ci, à son apogée – l'ensemble des propensions humaines à leur sommet – progresse résolument jusqu'à l'omniprésente entité de l'Esprit pour finir par s'unifier à l'Esprit ; et dans ce royaume de l'Esprit éternel, la marche continue. Tel est le progrès spirituel.

Un aspirant spirituel devrait toujours garder en mémoire qu'il doit y avoir {en lui}[1] un juste mélange de progrès sur les quatre plans : physique, psychique, psycho-spirituel et spirituel.

Je disais récemment, en Israël ou en Turquie peut-être, à propos de ces quatre types de progrès, que les progrès physique et psychique sont de nature objective, tandis que les progrès psycho-spirituel et spirituel sont de nature subjective. C'est-à-dire qu'il y a, en l'être vivant, deux principales voies de progrès : l'objective et la subjective.

---

[1] Entre accolades, ce que semble avoir dit l'auteur (d'après cassette) (ndt)

Dans ce monde, il vous faut de la nourriture, il vous faut des médicaments, un abri, tant de choses vous sont nécessaires, l'éducation et beaucoup d'autres choses, une structure économique saine, vous avez besoin d'une vie libre, libre de toute exploitation. Il vous faut tant de choses pour maintenir votre corps physique en bonne santé et pour maintenir le bon ordre de votre monde objectif. Vous ne pouvez les ignorer, vous ne pouvez nier ces besoins.

Vous devez faire votre devoir dans ce monde objectif mais, en même temps, ne pas oublier que vous êtes un être humain glorieux. Il vous faut vous élever jusqu'au sommet de la gloire humaine et atteindre à toute la grandeur de l'humanité.

Votre progrès dans la sphère psycho-spirituelle doit donc se poursuivre librement. Dans ce domaine du mouvement psychospirituel, l'être humain ne peut tolérer aucune entrave.

Vous devez aussi garder à l'esprit que votre source première est le Père suprême. Il est la Matrice causale, la suprême Origine ; et votre objectif final, le But suprême de tous vos désirs, est aussi le Père suprême. Il est l'apogée finale de tout votre mouvement. Vous devez donc diriger toute votre énergie, toutes vos tendances vers cet Être suprême – le *Parama Puruśa* – Père suprême qui a créé cet {univers}.

Il vous faut ainsi marier harmonieusement le monde objectif et votre but subjectif. Notre démarche est une adaptation objective qui s'appuie sur le but subjectif suprême [(Dieu)]. C'est un mélange harmonieux entre le monde objectif et le monde subjectif. Cet heureux mélange {créera une} société humaine unie. Il n'y a pas d'autre voie.

L'approche subjective est certes finale mais tout en avançant vers le but subjectif, vous devez rester en phase avec le monde objectif, vous n'avez pas d'autre choix. Ce but, une fois la société humaine établie dans cette suprême idée dans un avenir très proche, unira, construira, une société humaine {avec tous} sur cette planète ; que dire de cette planète, l'humanité de tout l'univers s'unira, et nous attendons cet heureux moment, ce but, avec impatience.

Caracas, le 25 septembre 1979

Sauver l'humanité

Les sages nous disent que la société humaine a traversé de très nombreuses crises dans le passé. La crise est un phénomène absolument normal pour tout ce qui est en mouvement. S'il y a mouvement, il y a lutte, lutte contre l'inertie de la terre. Le mouvement a ainsi généré des crises, des crises dans différents domaines de la civilisation, dans le domaine de l'éducation, etc.

La société humaine est aujourd'hui confrontée à une crise de civilisation globale, particulièrement en ce qui concerne son existence ; elle doit maintenant décider si elle doit vivre ou mourir. Si l'on encourage le dénigrement et l'intolérance, l'humanité n'a pas d'avenir, son avenir est sombre et à jamais condamné. Vous savez pourtant que je ne suis pas pessimiste. Je suis toujours optimiste et je veux que tous mes fils et filles soient optimistes. Je veux qu'ils répondent à ce signal de détresse de l'humanité en se battant pour sa survie et que leur lutte soit couronnée de succès.

Je suis sûr que vous, messieurs et jeunes gens et vous, mesdames et mesdemoiselles, devez être optimistes. Il est de votre devoir de sauver l'humanité. J'espère que vous y arriverez parce que vous êtes, tout comme moi, optimistes. Vous devez savoir que ceux qui sont grands, qui sont bons ne sont pas nombreux. Ces personnes ne sont pas des millions ou des milliards. Elles sont toujours en petit nombre mais ce sont elles qui portent le flambeau de la société humaine, elles qui sont les pionnières, l'avant-garde de la société humaine. Il est donc de votre devoir de sauver l'humanité et de vous occuper de ceux qui sont incapables de porter leur propre fardeau. Vous devez garder à l'esprit que la vie d'un aspirant spirituel est une mission. Quelle est votre mission ? Sauver l'humanité de cette crise. J'espère que vous serez couronnés de succès ; je ne l'espère pas seulement, j'en suis sûr, vous réussirez !

Francfort, 19 septembre 1979

Compléments

Les coopératives agricoles, de fabrication et de consommation

La société humaine est, comme vous le savez, une et indivisible. L'être humain ne peut pas vivre seul. S'il veut boire de l'eau d'un puits, il a besoin d'une corde, d'un seau et d'un crochet pour attacher la corde. Pour toutes ces choses, le concours des autres est indispensable.

Dans la société, les êtres humains doivent travailler conjointement pour que tous avancent ensemble. *« Samánam ejati iti samájah » [La société se définit par un mouvement collectif].* En d'autres termes, la société est le mouvement d'un groupe de personnes qui ont pris la décision unanime d'avancer vers un but commun. Plus les êtres humains avancent de manière solidaire dans tous les domaines (hormis ceux qui sont très personnels), mieux c'est pour la société. On ne devrait faire individuellement que ce que l'on ne peut pas faire collectivement. Il est donc préférable, autant que possible, de travailler collectivement, plus les êtres humains le font, mieux c'est. Aller contre ce principe brise l'esprit social et menace l'existence même des êtres humains. Chacun doit manger individuellement – personne ne peut manger à votre place – mais on peut partager un repas. Si l'individualité domine la vie humaine, cela peut affecter négativement l'environnement [social et moral], le bien-être de différents groupes et, même, la continuité de l'existence humaine.

La coopération concertée

Opérer, c'est effectuer quelque chose à l'aide d'un, ou de plusieurs, moyens d'action. Supposons que vous soyez un opérateur sur une machine-outil. Si cette activité réclame un effort collectif, on parle de coopération. Dans une coopération, on agit avec des droits égaux, un prestige humain égal et un rang égal.

Il devrait y avoir, dans tous les domaines de la vie collective, une coopération entre les différents membres de la société. Lorsque cette coopération se fait entre êtres humains libres, chacun jouissant de droits égaux et essayant, dans le respect mutuel, de servir au mieux l'intérêt de l'autre, c'est une coopération concertée. Lorsqu'on fait quelque chose, individuellement ou collectivement, tout en demeurant sous la direction d'une autre personne, c'est une coopération subordonnée. Dans tous les domaines de la vie, nous devrions faire chaque chose par la coopération concertée en évitant toujours la coopération subordonnée.

Dans le monde d'aujourd'hui, aucun des systèmes socio-économiques en vogue ne s'appuie sur la coopération concertée. Dans ces systèmes, les liens sociaux sont, au contraire, essentiellement fondés sur la coopération subordonnée, causant la dégénérescence du socle moral de la société. Dans certains pays, par exemple, le manque de parité raciale est flagrant et il n'y a pas la moindre coopération concertée entre les différents groupes ethniques. Ce manque d'un juste équilibre dans la vie sociale cause une désagrégation totale de la structure sociale.

Les pays qui suivent le système des « communes populaires »[1] manquent aussi de coopération concertée. Dans ce système de communes populaires, la société est réduite à un simple mécanisme de production-distribution soumis à un système de contrôle enrégimenté. Au lieu d'accroître la production, ces communes populaires poussent la production vers le bas ; leurs conséquences sont visibles dans presque tous les pays communistes : ceux-ci souffrent de pénuries alimentaires. Les pays capitalistes que sont l'Australie, le Canada et les États-Unis vendent leurs céréales à l'Union Soviétique et à la Chine ! De

---

[1] Les régimes communistes. (ndt)

plus, les travailleurs d'une commune populaire ne se sentent pas associés à leur travail et ne sont pas libres d'exprimer tout leur potentiel. Un système aussi suffocant et mécanique encourage les vues matérialistes et l'athéisme de l'élite dirigeante.

Dans les communes populaires, il n'y a pas de propriété privée. Or, sans un sentiment de propriété personnelle, les gens ne travaillent pas dur, ni ne prennent soin du moindre bien. Si les agriculteurs ont le sentiment d'avoir les terres en usufruit permanent, ils deviennent plus productifs. Les communes populaires répriment ce type de sentiments, ce qui induit une stagnation de la production et une oppression psychique.

Les gens intelligents sont forcés de faire un travail qui ne leur convient pas et touchent le même salaire que les travailleurs ordinaires. Il n'y a pas de système d'intéressement et les initiatives personnelles ne sont pas encouragées, même si elles sont le fait de personnes méritantes. Alors, naturellement, les gens ne s'investissent pas dans leur travail. Ce genre de système ne peut pas résoudre les problèmes économiques de la société, que ce soit en agriculture ou dans l'industrie. Il aggrave au contraire les problèmes existants et crée de nouveaux problèmes sociaux. Les systèmes de production et de distribution des communes populaires sont fondamentalement défectueux, exploiteurs et inhumains.

Les communes populaires s'appuient sur la coopération subordonnée : les relations sont de directeur à dirigé, de maître à serviteur. Ce genre de relations est une entrave au progrès humain et retarde toute possibilité de marche en avant progressiste. Elles sont antagoniques à toutes les habitudes de l'esprit humain. La TUP soutient la mise en application du système coopératif parce qu'il promeut un esprit de coopération concertée[1]. Seul le système coopératif peut garantir à l'humanité un progrès sain et harmonieux et l'unir de manière permanente.

---

[1] En anglais « coordinated » qui s'oppose à subordinated au sens de « à rang égal ». (ndt)

Une fois le système coopératif établi, les fruits du travail du peuple seront plus doux. La TUP défend les slogans : « Nous voulons des coopératives, pas des communes populaires ! » et « Nous ne sommes pas les esclaves des communes populaires ! »

La nécessité du système coopératif en agriculture

Lorsqu'on agit dans un esprit de coopération, il apparaît indispensable de produire de manière coopérative les biens de première nécessité comme la nourriture, les vêtements, les logements, l'éducation et les soins médicaux. La nourriture est le produit le plus important, c'est pourquoi l'agriculture est le secteur le plus important de l'économie. L'aliment de base d'un pays est aussi souvent sa culture principale. Au Bengale, par exemple, l'aliment de base est le riz et s'avère donc sa culture principale. De même, la culture principale du Panjâb est le blé, celle de l'Irlande la pomme de terre, quant aux cultures principales de l'Écosse, ce sont le seigle, l'avoine et l'orge.

Le système coopératif est le mieux adapté à une juste réorganisation et à une utilisation maximale de la terre agricole. La fertilité de la terre dépend de la nature du terrain arable et l'abondance d'une récolte dépend en grande partie de la teneur en eau du sol. En altitude, les terres, même fertiles, ne produisent généralement pas beaucoup et il est souvent possible de produire de bonnes récoltes sur un sol moins fertile plus bas dans la vallée à cause de l'accumulation naturelle d'eau. Même sur une terre relativement plate, il faut organiser les parcelles agricoles en fonction de leur hauteur et de l'écoulement de l'eau, ou canaliser l'eau des points les plus élevés aux points les plus bas. Les coopératives suivront cette organisation.

La terre est extrêmement importante aux yeux des agriculteurs et ils y sont très attachés. Les fermiers peuvent faire don de quintaux de leurs produits mais ne se séparent jamais volontairement même de quelques mètres carrés de terre. Supposons que de nombreux petits fermiers possèdent au total cent hectares. S'ils forment une coopérative d'exploitation agricole et consignent par écrit leurs parts, basées sur la taille de leurs avoirs fonciers, leur sentiment de propriété est préservé. Si toute la terre est de même niveau, on peut supprimer les clôtures entre les petites parcelles, augmentant la surface de terre arable. Un tel système ne heurte pas la psychologie des fermiers et ils n'en ressentiront aucune insécurité. Ils seront à même d'accroître la surface de la terre exploitée en enlevant les clôtures qui divisent inutilement la terre en de nombreuses propriétés individuelles et en cultivant scientifiquement la terre infertile.

Les agriculteurs qui ne possèdent que quelques mètres carrés de terrain ne peuvent entretenir bœufs et charrue. Ils doivent céder leur terre à quelqu'un en mesure de la cultiver, comme cela se fait dans le métayage. S'ils donnent leur terre à un métayer, ils ne touchent de compensations que rarement. C'est la taille trop petite de la terre qui engendre cette situation difficile. Si la culture se fait sur une base coopérative, de nombreuses petites parcelles peuvent fusionner en un grand domaine. Cela constitue un grand progrès pour la collectivité des agriculteurs. Dans l'Inde du temps d'Akbar, le système en vogue était de construire des clôtures autour des parcelles de terre. Akbar instaura la règle selon laquelle la propriété des clôtures nord et ouest de chaque terrain revenait au propriétaire du terrain. Quand les coopératives enlèveront les clôtures pour former de plus grandes surfaces de terre agricole, il faudra rajouter la terre occupée par les clôtures nord et ouest de chaque parcelle à la part du propriétaire de cette parcelle.

De nos jours, pour cultiver la terre, les agriculteurs ont besoin d'engrais, d'un tracteur et d'un système d'irrigation ; et les engrais animaux ne suffisent pas, les fermiers ont besoin d'engrais chimiques. L'utilisation intensive d'engrais chimiques rend pourtant la terre stérile et inutilisable au bout d'un certain temps. Les engrais chimiques finissent par détruire l'énergie vitale de la terre, elle perd toute vie et devient semblable à du ciment. Il faut faire des recherches pour découvrir des engrais chimiques sans effets négatifs sur le sol.

Dans le système d'exploitation privée, il n'est pas possible d'échapper aux effets secondaires des engrais chimiques. Le système coopératif offre quant à lui de grandes possibilités de recherche et de développement qui permettront de découvrir de nouvelles et meilleures façons d'utiliser la terre tout en prolongeant sa vitalité. L'avantage d'une coopérative est qu'elle combine les richesses et ressources de nombreux individus pour les exploiter conjointement.

Il fut un temps où les agriculteurs laissaient leur terre en jachère durant un an après plusieurs années de culture continue, ce n'est plus possible aujourd'hui. Il est donc nécessaire d'adopter un système de culture qui, soit utilise des engrais chimiques sans impact sur la fertilité du sol, soit parvient à un bon rendement sans utiliser du tout d'engrais chimiques. Je suis persuadé que cela se fera dans un avenir très proche.

L'on doit placer l'agriculture au rang des industries. Nombre de pays sous-développés et en développement d'aujourd'hui ne suivent pas cette politique. Le système coopératif est ce qui leur permettrait le mieux de la mettre en œuvre. Il faudrait, par exemple, exploiter les vergers de pommiers de l'Himachal Pradesh dans le cadre d'une coopérative plutôt que dans celui d'exploitations privées. Ceci doit également s'appliquer à l'industrie de l'emballage pour la transformation et la distribution des pommes. Il faut considérer la transformation et l'emballage des pommes comme un maillon de l'industrie agricole. Les employés de l'agriculture devraient obtenir les mêmes primes que les employés de l'industrie. Les exploitants ou les coopératives agricoles doivent donc réorganiser l'intégralité du secteur agricole sur le modèle industriel.

La mise en œuvre des coopératives agricoles d'exploitation

La TUP est en faveur d'une réorganisation graduelle de toute la terre agricole qui devra se faire par étapes. À la première étape, tous les domaines agricoles non rentables passeront sous gestion coopérative, dans l'intérêt de ceux qui possédaient auparavant la terre comme dans celui des travailleurs de la coopérative. Dans la deuxième phase, on demandera à tous les propriétaires terriens de rejoindre le système coopératif. La troisième phase consistera à effectuer une distribution rationnelle de la terre et à redéfinir la propriété. Finalement, dans la quatrième phase, les conflits à propos de la propriété de la terre auront disparu. Les gens apprendront à penser plus au bien collectif qu'à leurs petits intérêts personnels. Cet élargissement psychique créera un environnement social plus favorable. Un tel changement dans la psychologie collective ne se fera pas du jour au lendemain mais progressivement, en fonction de [l'évolution du] sentiment populaire. Une fois ce système introduit, le conflit actuel entre les propriétaires terriens et les travailleurs ruraux sans terre disparaîtra.

Dans la phase initiale, les coopératives agricoles d'exploitation se formeront par la coopération mutuelle d'un certain nombre d'agriculteurs. Supposons que A, B, C et D soient quatre agriculteurs ayant fusionné leurs terres en une coopérative dans les proportions suivantes : A un hectare, B 2,5 hectares, C 5 hectares et D 7,5 hectares. Les profits retirés de la vente de leur récolte devraient être répartis proportionnellement à la quantité de terre que chacun a donnée à la coopérative et au service rendu par chacun dans la production des cultures. Les agriculteurs recevront produits et profits selon le nombre de leurs parts dans la coopérative et leur travail. Comme le rendement de la terre s'accroît avec le constant développement de nouvelles techniques scientifiques, les exploitants peuvent s'attendre à des gains de productivité et à une plus grande prospérité.

On consignera par écrit la capacité de production de tous les terrains inclus dans la coopérative. Les quote-parts [(les parts de bénéfice)] doivent se calculer sur la base de cette productivité. Si, par exemple, un fermier a vingt hectares de terre parmi lesquels dix sont hautement productifs et dix peu productifs, son dividende doit prendre en compte les différences de productivité. Si certains propriétaires terriens ne veulent pas travailler dans la coopérative, leurs terres devraient cependant rester dans la coopérative. Ils seront toujours considérés comme membres de la coopérative et toucheront eux aussi un dividende fonction de la taille et de la productivité de leur terre. Les propriétaires qui ne travaillent pas dans la coopérative n'auront bien entendu pas droit à un salaire.

Dans le système coopératif, les agriculteurs n'ont pas besoin de vendre leurs produits juste après la récolte sous la pression de leur situation financière. Dans le système individualiste dit d'entreprise privée, la plupart des exploitants doivent vendre leurs produits immédiatement pour avoir assez d'argent pour survivre. Dans le système coopératif, les agriculteurs jouiront d'une plus grande sécurité financière du fait que la coopérative peut donner des avances à tel ou tel exploitant et vendre les récoltes au moment le plus favorable pour en obtenir le meilleur prix. Les coopératives seront aussi capables de maintenir le prix de leurs propres produits dans une certaine fourchette. Les coopératives s'approprieront ainsi les profits qui, dans le système capitaliste ou individualiste, reviennent aux intermédiaires et autres profiteurs.

Dans le système actuel, nombre de fermiers indigents doivent rembourser après la récolte les emprunts qu'ils ont contractés pour payer l'irrigation, les semences et le travail nécessaires à la production de leurs récoltes. De surcroît, ils achètent souvent à leur famille des vêtements pour l'année. À cause de leur besoin urgent d'argent, ils sont souvent forcés de vendre leur récolte à n'importe quel prix. On qualifie ce type de vente sous la pression de leur situation financière de « vente désespérée ». Le système coopératif est essentiel pour protéger les agriculteurs de ces ventes désespérées. Dans une coopérative, les agriculteurs garderont assez de produits pour satisfaire leur besoin annuel de nourriture et vendront l'excédent de récolte à la coopérative au taux fixé par la coopérative. Lorsque le prix du marché deviendra raisonnable, la coopérative vendra la récolte. Les agriculteurs recevront alors leur pourcentage de profit au prorata de leurs parts dans la coopérative.

La coopérative payera les taxes et autres impôts directs comme indirects de façon collective, libérant les fermiers individuels des pressions financières et de l'exploitation économique. Dans nombre de pays développés économiquement, il n'y a pas de taxes foncières car les sommes perçues par ce type de taxes ne représentent qu'une infime partie de l'impôt total.

Dans le système coopératif, la main-d'œuvre sera composée d'exploitants « associés » et d'ouvriers non associés. Les deux groupes y trouveront leurs avantages : les agriculteurs associés toucheront un salaire régulier pour leur travail plus un dividende proportionnel à leurs parts tandis que les ouvriers jouiront d'un emploi stable et d'une bonne paye.

Il y a deux types d'ouvriers non associés travaillant dans les coopératives agricoles : les ouvriers permanents et les ouvriers saisonniers ou disposant d'un contrat à durée déterminée. Les ouvriers permanents toucheront des primes d'incitation alors que les travailleurs saisonniers ne seront rémunérés que pour leur travail. Les ouvriers qui contribuent le plus à la coopérative devraient toucher les primes les plus importantes. Il faut payer plus les ouvriers qualifiés que les ouvriers non qualifiés. C'est une incitation pour tous à devenir ouvrier qualifié et à s'investir plus dans son travail. Les primes doivent être rap-

portées au montant du salaire qui doit refléter à la fois la qualification et la productivité du travailleur.

Les membres qui achètent des parts dans la coopérative ne
doivent pas pouvoir ou avoir le droit de céder leurs parts sans
l'autorisation de la coopérative ; on peut cependant en hériter.
Si certains membres de la coopérative n'ont pas de descendants, leurs parts reviennent à leurs successeurs légalement
autorisés qui deviennent alors membres de la coopérative s'ils
ne le sont pas déjà. La raison de cette politique est d'empêcher
les capitalistes d'acheter un grand nombre de parts dans une
coopérative et de spéculer sur le marché ; ce type d'activité
économique peut facilement conduire à une dépression. Le
système de succession varie de pays en pays, et le droit de succession doit se soumettre aux usages du pays en question. Le
Bengale, par exemple, suit le système du *dáyabhága*, d'autres
endroits d'Inde ont pour système le code hindou, et d'autres
pays pratiquent différents systèmes. Si l'on respecte cette
clause, les membres de la coopérative n'auront pas besoin
d'aller devant les tribunaux et éviteront les perpétuels procès
que connurent jadis les *zamindars*. Tous les membres de la
coopérative étant du même voisinage ou du même village, ils se
connaîtront tous les uns les autres et n'auront pas de mal à déterminer qui est le destinataire légal des parts. Les membres de
la coopérative seront eux-mêmes en situation de déterminer qui
peut revendiquer l'héritage des parts possédées par le membre
défunt.

Les propriétaires défavorisés ou mineurs seront mieux lotis
dans le système coopératif. Une veuve, un fermier handicapé ou
un garçon ou une fille mineure qui possède quelques terres
tireront un revenu de leur terre qui dépendra du nombre de leurs
parts dans la coopérative. Dans le système de propriété privée,
leur terre serait restée en friche et ils seraient restés dans la
misère. Par conséquent, même si les membres de la coopérative

sont incapables de travailler, ils auront droit à une part du profit total de la coopérative.

Les agriculteurs peuvent aussi créer des coopératives de fabrication pour produire des articles pour diverses industries. Certaines coopératives agricoles peuvent ainsi se doubler d'une coopérative de fabrication. Les matières premières d'origine non agricole, comme le calcaire, pour la production de ciment, seront transformées par des coopératives de fabrication. Les coopératives uniquement agricoles devraient vendre leurs produits directement aux coopératives de fabrication qui, à leur tour, pourront fabriquer divers biens de consommation. Les coopératives agricoles qui se doublent d'une coopérative de fabrication peuvent accroître leur rentabilité de différentes manières. Ces coopératives peuvent, par exemple, extraire de l'huile du son de riz. L'argent ainsi gagné peut être réintroduit et réinvesti dans la coopérative agricole et de fabrication ou utilisé en recherche et développement.

Les agriculteurs des coopératives agricoles pourront exercer une pression collective sur les autorités, locales, de l'État ou fédérales, pour divers avantages et équipements. En Inde, par exemple, les arboriculteurs privés irriguent généralement à partir de puits profonds. Cela peut affecter négativement la production fruitière car si la nappe phréatique descend trop au-dessous des racines, les arbres fruitiers se flétrissent progressivement et meurent. Dans ce cas, des puits peu profonds sont préférables. Ils ne peuvent cependant fournir suffisamment d'eau pour l'irrigation. Les agriculteurs ont besoin d'étangs, de barrages, d'un système de pompage et d'acheminement d'eau, et pour cela, ils peuvent avoir besoin de l'assistance du gouvernement. C'est le droit fondamental du peuple d'avoir ses besoins minimums de nourriture, d'habillement, de logement, d'éducation et de suivi médical garantis. Un bon approvisionnement en eau d'irrigation est ainsi un droit fondamental, parce que sans eau, on ne peut produire de nourriture, qui est le premier des besoins. L'eau d'irrigation est comme la pointe d'une toupie, sans elle la toupie ne peut tourner.

Les coopératives de fabrication et de consommation

En plus des coopératives agricoles ou d'agriculteurs, la TUP recommande la formation d'autres sortes de coopératives, comme les coopératives de fabrication et de consommation.

Les coopératives de fabrication incluent les agro-industries et les industries non agricoles. On distribuera l'excédent financier de ces coopératives entre les travailleurs et les membres de la coopérative selon leur investissement en capital dans la coopérative et leur contribution à la production et à la gestion.

De même, les coopératives de consommation doivent réunir des personnes de vues similaires qui partageront les profits de la coopérative selon leur travail personnel et leur investissement en capital. Ceux qui participent à la gestion de ces coopératives seront aussi en droit de toucher un salaire sur la base des services qu'ils rendent à la coopérative. Les coopératives de consommation distribueront des biens de consommation aux membres de la société à des prix raisonnables. On peut diviser les biens de consommation en trois catégories : les articles de première nécessité comme le riz [(ou la céréale de base)], les légumes secs [(haricots, lentilles, etc.)], le sel et les vêtements ; les articles semi-essentiels comme l'huile et le savon antiseptique ; et les articles non essentiels tels les produits de luxe. Si des spéculateurs créent une pénurie artificielle de biens non essentiels, cela n'affecte pas les gens ordinaires, mais s'ils accumulent des biens essentiels, le peuple souffre alors terriblement.

On peut éviter cette situation si les coopératives de consommation achètent les biens essentiels directement aux coopératives de fabrication ou aux coopératives agricoles. Les capita-

listes stockent des biens essentiels et créent une pénurie artificielle pour réaliser un maximum de profit. En conséquence,
les consommateurs achètent les biens essentiels à des prix gon-
flés et découvrent parfois même que ces articles ne sont pas du
tout disponibles. Les intermédiaires et autres profiteurs créent
une pénurie artificielle de biens essentiels sachant très bien que
les gens les achèteront même s'ils doivent s'endetter pour cela,
tandis que peu de personnes emprunteront pour acheter des
produits de luxe. Si la distribution des biens essentiels se fait
par des coopératives de consommation, on élimine les intermédiaires et autres profiteurs.

Les coopératives de consommation s'approvisionneront à
la fois dans les coopératives agricoles et dans les coopératives
de fabrication. Les produits qui ne passent pas directement
d'une coopérative agricole à une coopérative de consommation
seront fabriqués dans des coopératives de fabrication. De plus,
les biens non agricoles seront obligatoirement produits par des
coopératives de fabrication. Les coopératives agricoles ou de
fabrication qui produisent du fil de coton ou de soie, par exemple, devraient vendre leurs fils à des coopératives de tissage qui
peuvent fabriquer du tissu sur leurs métiers à tisser électriques.
Si le motif à exécuter est compliqué, on peut bien sûr employer
un métier à tisser manuel mais, en règle générale, les coopératives de tissage devraient installer les tout derniers métiers à
tisser électriques. Les coopératives de tissage approvisionneront
à leur tour les coopératives de consommation.

L'on reconsidérera et augmentera le nombre d'articles considérés comme essentiels en fonction de l'époque, de l'endroit
et des personnes. C'est au gouvernement, et non au conseil
d'administration d'une coopérative, d'effectuer ces révisions.
L'on considèrera peut-être demain comme essentiel ce que l'on
considère aujourd'hui comme semi-essentiel. Les biens semi-
essentiels sont sensibles aux pénuries artificielles et ces dernières font souffrir le peuple, c'est donc aux coopératives de fabri-

cation de les produire. On peut laisser au secteur privé la production des articles de luxe. Quant aux services ou biens essentiels non agricoles qui seraient du ressort de coopératives de fabrication mais qui demandent un énorme investissement en capital, c'est au gouvernement de les gérer, comme par exemple le système ferroviaire.

Les coopératives agricoles, les coopératives de fabrication de biens essentiels et les coopératives de consommation [pour la distribution] de ces mêmes biens, sont donc indispensables à l'établissement d'une société saine.

La gestion coopérative

Dans chaque coopérative, les membres de la coopérative doivent former un conseil d'administration. Ce conseil doit décider de la répartition des excédents entre les membres, c'est-à-dire du dividende à payer à chaque associé. On ne doit cependant pas distribuer tout le profit sous la forme de dividendes, on doit en consacrer une partie aux nouveaux investissements, l'achat d'équipements, comme des tracteurs, de l'engrais, etc., une partie à l'accroissement du capital social et une autre à l'alimentation d'un fond de réserve. Le fond de réserve servira à augmenter la valeur du dividende durant les années de faible production. Si l'on suit ce système, le capital social ne sera pas affecté.

Les membres de la coopérative doivent élire un conseil d'administration, il ne doit pas s'agir de sièges honoraires. Il faut prendre les précautions nécessaires pour qu'aucune personne immorale ne soit élue au conseil. Tous les administrateurs doivent être des personnes de haute valeur morale.

Pour arrêter le marché noir, il faut que le gouvernement prenne des mesures fortes. Pour protéger l'industrie du vêtement, par exemple, le gouvernement devrait passer une loi interdisant la vente des vêtements dépourvus de la marque de [l'entreprise (déclarée)] qui les a fabriqués. Des profiteurs qui vendraient des vêtements sans marque seraient ainsi facilement repérés. Ce remède simple mais efficace est connu de nombre de personnes intelligentes, mais elles ne font rien. C'est parce qu'elles sont les agents des capitalistes et ont besoin de l'argent de ces profiteurs et spéculateurs pour financer leurs campagnes électorales. Ce genre de corruption dans le système électoral fait partie de la démocratie. Nous pouvons donc affirmer que la démocratie n'est pas la meilleure forme de gouvernement. On ne peut pas mettre fin à la spéculation et au marché noir dans le système démocratique parce que ceux qui essayent de le faire sont évincés du pouvoir. À l'apogée de l'époque féodale *(kśatriya)*, la contrebande et la spéculation étaient maîtrisées, mais quand vint la domination des intellectuels *(vipra)* ou des commerçants *(vaeshya)* le contrôle sur ces pratiques corrompues se relâcha.

Il faudrait créer de nombreuses petites coopératives satellites pour approvisionner les grandes coopératives de fabrication en certains articles. Prenez l'exemple d'une usine automobile. De petites coopératives peuvent fabriquer localement les nombreux composants d'un moteur. Les membres de ces petites coopératives satellites peuvent même faire leur travail à la maison, mettant à contribution tous les membres de leur famille. La fonction principale de ces grandes coopératives de fabrication sera d'assembler les différentes parties d'une voiture. Cela aura deux avantages : la grande coopérative n'aura pas besoin de beaucoup d'ouvriers, ce qui minimisera les déplacements de la population ouvrière et le coût du travail sera réduit, maintenant les prix bas.

Le problème d'une population migrante et des travailleurs immigrés ne se produira pas dans le système coopératif car les membres des coopératives devront être des personnes locales. Les ouvriers migrants ne devraient pas avoir le droit d'être membres de coopératives – les oiseaux migratoires n'ont aucune place dans les coopératives – étant à même de perturber l'ensemble de l'économie. Le district d'Howrah, par exemple, produit suffisamment de récoltes dans une saison pour nourrir la population locale pendant dix-sept mois, mais la présence d'une main-d'œuvre migrante fait que les récoltes sont consommées en six mois et demi. L'élimination de la population fluctuante protégera également la vie sociale de la coopérative de possibles influences sociales négatives.

Dans le système coopératif, le problème du chômage sera résolu. Au fur et à mesure que la production augmentera, les besoins en équipements et en ressources s'accroîtront. [Les coopératives] pourront embaucher les gens instruits en tant que travailleurs qualifiés. Elles auront aussi besoin de conducteurs de tracteurs, d'ouvriers et de cultivateurs, et les membres de la coopérative assumeront naturellement ces postes. Les villageois n'auront pas besoin de s'installer dans les villes pour trouver un emploi. Dans le système coopératif, il ne devrait pas y avoir d'âge obligatoire pour la retraite. Les gens doivent être libres de travailler aussi longtemps qu'ils le désirent, dans la mesure où leur santé le leur permet.

Les communautés socio-économiques dont les réserves en matières premières sont insuffisantes, devront fabriquer des matières premières synthétiques ou artificielles. Supposons qu'une communauté ou région ne dispose pas d'assez de fourrage pour nourrir son bétail. Importera-t-elle le fourrage d'une autre communauté ou région ? Non, elle fabriquera du [lait] artificiel à la place. De même, la production d'un *dhotî* [le vêtement traditionnel que portent les hommes dans le nord-est de l'Inde] nécessite une grande quantité de coton. Transporter de gros volumes de coton est de plus coûteux en énergie alors, puisqu'il est difficile de s'en procurer, on peut produire du tissu synthétique à la place. Avec les progrès de la science, les coopératives se développeront et fabriqueront une grande diversité de produits à base de matières premières synthétiques[1]. Dans le système capitaliste, les matières premières sont importées d'autres pays ou régions dans le but de fabriquer des produits finis. Les coopératives ne suivront pas ce système. Elles développeront leurs propres matières premières par la recherche, de façon à ne pas être dépendantes des matières premières étrangères.

Vers un progrès général

Grâce au système coopératif, la société humaine progressera plus vite, ouvrant la voie à une nouvelle révolution scientifique. Aucune partie de ce monde ne restera inexploitée, on tirera le meilleur parti de tous les coins et recoins de cette terre. Là où le fourrage est disponible, là où il y a des pâturages, on installera des fermes et industries laitières. Là où le fourrage n'est pas disponible, on produira du lait synthétique. De cette façon, on assurera le progrès et le développement dans tous les domaines de la vie.

Le jour où la science sera guidée par des intellectuels spirituellement orientés est très proche. Quand ce jour viendra, la science avancera à pas de géant, provoquant un formidable accroissement de la capacité intellectuelle des êtres humains. Les coopératives faciliteront grandement cet avancement psychique et spirituel.

Pour accroître l'unité de la société, nous devons encourager tous les points communs et décourager tous les éléments de division.

En Inde, par exemple, il y a de nombreux points communs qui favorisent l'unité et il y a de nombreux éléments de division qui créent la désunion. Ce qui unit le plus, fondamentalement, en Inde, est que la mentalité indienne repose sur Dieu, elle est

---

[1] Comme peut-être, par exemple, les vêtements en nouvelles fibres textiles à base de bambou. (ndt)

intrinsèquement fondée sur le théisme. Elle accepte la Providence divine comme un facteur humain cardinal. Les communistes indiens sont eux-mêmes théistes dans leur cœur tandis qu'ils parlent en athéistes dans les tribunes politiques. Pourtant, bien que le niveau spirituel des gens soit élevé, le niveau moral y est inférieur à celui des pays occidentaux. C'est pourquoi il est important d'élever le niveau moral. Il faut pour cela créer des moralistes. À cet effet, nous devons propager une idéologie universelle dans tous les coins et recoins du pays.

Un autre élément d'unité est le sanscrit. Les Indiens, qu'ils parlent ou non le sanscrit, ont tous un profond amour et respect pour cette langue. Si le sanscrit était devenu la langue nationale de l'Inde au lieu du hindi, on aurait évité tous les problèmes actuels concernant la langue nationale.

Prenons un autre exemple : le système de calendrier. Le nord de l'Inde et quelques parties du sud de l'Inde suivent le système *saṁvat*, qui suit les mouvements de la lune. Dans ce système, la fin du septième jour lunaire du mois de juin-juillet *(aśáŕh)* intervient le matin, celle du huitième à la mi-journée et celle du neuvième le soir. L'utilisation de ce calendrier engendre une multitude de problèmes. Au Bengale, en Assam, au Manipur, au Panjâb, au Jammu, au Cachemire, en Orissa et quelques régions du sud de l'Inde, on emploie le calendrier solaire *shakábda*. [Néanmoins], le premier du mois d'avril-mai *(vaeshákha)* de ce calendrier est, au Bengale, le 14 avril, alors qu'au Panjâb, c'est le 13 avril. Devrions-nous encourager ces différences dans le système de calendrier ? Non, nous devrions suivre soit le système *shakábda* [(calendrier solaire sidéral)] [moyennant d'éliminer le genre de disparité cité ci-dessus], soit le système international de calendrier [(solaire, à année tropique)[1]]. Ainsi, pour assurer l'intégration de tous les peuples, il faut encourager les éléments unificateurs et décourager les facteurs de division.

---

[1] Autrement dit le calendrier grégorien. (ndt)

Les motifs unificateurs les plus doux sont l'amour et la sympathie pour l'humanité. Le cœur humain a soif de joie, de plaisir et de béatitude. Dans le domaine physique, la meilleure expression de cette douceur humaine est le système coopératif. Le système coopératif est la meilleure représentation du doux nectar de l'humanité.

Calcutta, le 18 février 1988

Les centres communautaires pilotes[1]

Au départ, nous avons mis en œuvre des centres communautaires pilotes dans le dessein d'améliorer le sort des classes les plus arriérées et opprimées de la société qui ont du mal à s'intégrer dans un monde en constante évolution. Quand Ánanda Márga se mit à aborder tous les domaines de la vie[2], nous avons envisagé d'établir des centres communautaires pilotes qui seraient des miniatures d'Ánanda Márga. De même qu'il y a, dans le corps, différents centres nerveux qui contrôlent le fonctionnement des différents membres et organes et qui sont eux-mêmes sous le contrôle du psychisme, on considèrera les centres communautaires pilotes comme les centres nerveux de la société. Tous les départements, branches et sous-branches d'Ánanda Márga doivent avoir une représentation et participation actives dans les centres communautaires pilotes. Ceux qui ne seront pas présents en perdront leur existence.

Ces formes miniatures d'Ánanda Márga se développeront et finiront par devenir un modèle universel. Les centres communautaires pilotes développeront tous les services possibles, en particulier dans les domaines de l'éducation, de la culture, de l'économie et de l'élévation spirituelle. Ces centres communautaires pilotes travailleront à l'amélioration de la condition de tous les êtres humains, puis de tous les êtres vivants, indépendamment de toute barrière de caste, croyance, couleur, reli-

---

[1] *Masters Units* (ndt)
[2] Éducatif, culturel, humanitaire, etc. Ánanda Márga est l'organisation yoguique qu'a fondée l'auteur en 1955 en Inde et qui s'est peu à peu étoffée en une organisation mondiale à but également social face à la détresse et au dénuement matériel et culturel des gens vers lesquels elle aurait aussi voulu étendre son action spirituelle. (ndt)

gion et nation. L'humanité ne reconnaît pas de barrières artificielles. L'humanité est le seul critère.

Grâce aux centres communautaires pilotes et à la TUP, nous élèverons le niveau de vie des gens en quelques mois ou en quelques années. Nous devrions aussi venir immédiatement en aide à la population par des services multiples.

La TUP et cette aide polyvalente ne peuvent rendre qu'un service provisoire, ils suivent le mouvement de la vie ; alors que notre philosophie spirituelle est, elle, au-dessus de ce mouvement. Nous devrions donc implanter le plus grand nombre possible de centres communautaires pilotes, en les enracinant dans la philosophie spirituelle. La mise en œuvre d'une aide polyvalente, de la TUP et de centres communautaires pilotes, doit faire partie de la vie quotidienne.

Quels sont les principaux points requis pour un centre communautaire pilote idéal ? Il y en a cinq, correspondant aux cinq besoins que la TUP considère comme essentiels[1]. En premier lieu, l'accès, tout au long de l'année, à la nourriture : nous devons produire localement suffisamment de produits bruts par l'agriculture et l'élevage scientifique. Ces produits bruts permettront le développement d'entreprises industrielles et agro-industrielles comme les fabriques laitières, les entreprises horticoles, séricicoles, etc. Ces industries ne peuvent se permettre de dépendre de matières premières provenant d'autres régions.

Deuxièmement, il faut produire suffisamment de fibres et de tissus d'habillement. On peut par exemple utiliser les fibres du gombo[2], de l'ananas, de la betterave à sucre, du bananier, du basilic, du coton, du sisal, etc. pour l'habillement.

Troisièmement, nous devons ouvrir des écoles primaires et collèges dans tous les centres communautaires pilotes. Il n'est

---

[1] La nourriture, l'habillement, le logement, les soins médicaux et l'éducation. (ndt)
[2] Ou ocra, *abelmoschus esculentus* ou *hibiscus esculentus*. (ndt)

pas nécessaire d'ouvrir des établissements d'enseignement supérieur dans l'immédiat.

Quatrièmement, nous devons aussi établir des centres médicaux, généraux et spécialisés [(de long séjour)]. Les centres spécialisés peuvent recevoir les personnes malades pendant un certain temps, les centres communautaires pilotes ne disposant pas forcément de grands hôpitaux. Les centres médicaux devraient encourager des méthodes de traitement alternatives.

Cinquièmement, les centres communautaires pilotes doivent entreprendre des projets de construction de logements destinés aux plus pauvres. Il faut immédiatement mettre en place ce programme de construction pour les indigents.

Le besoin d'implanter des centres communautaires pilotes se fait sentir dans toutes les régions et arrondissements du monde. Les centres communautaires pilotes seront la plus grande structure d'Ánanda Márga. Tous les centres communautaires pilotes seront des répliques miniatures d'Ánanda Nagar[1]. Ces centres communautaires pilotes seront des lieux de prédilection pour les membres d'Ánanda Márga. Ils devront comporter un minimum de deux hectares. Le nom sanskrit pour centre communautaire pilote *(Master Unit)* est « *cakra-n[ábh]ii* » qui signifie « centre régional ». Je veux que tous les centres communautaires pilotes soient autosuffisants économiquement dans tous les domaines parce que les spiritualistes ne doivent pas dépendre de l'argent des nantis.

Il y a plusieurs choses à mettre en place dans tous les centres communautaires pilotes :

1. Des écoles, comprenant école primaire, collège et lycée.

2. Des pensionnats et foyers, pour les enfants, pour les adolescents et pour les étudiants.

---

[1] Un grand domaine rural, situé au nord de Calcutta, dans une région arriérée qu'Ánanda Márga s'efforce de développer. (ndt)

3. Des orphelinats et homes, comprenant des maisons pour les enfants, pour les adolescents et pour les étudiants.

4. Des centres médicaux.

5. Des industries artisanales.

6. Des fermes laitières.

7. Diverses plantations.

Il y a, également, en plus de ces éléments communs, quelques particularités des centres communautaires pilotes à mettre en œuvre :

1. Un moulin à blé ou une minoterie pour produire de la farine.

2. Une boulangerie pâtisserie pour fabriquer du pain, etc.

3. Une banque de semences.

4. Un centre de distribution de semences bon marché. Ce centre réunira des semences de bonne qualité et les vendra à prix réduit. Il peut acheter ses graines aux fermiers locaux après chaque récolte, les acheter sur le marché à prix réduit ou les cultiver lui-même. Quoi qu'il fasse, le centre doit fournir à la population des semences de qualité et bon marché.

5. Un centre de distribution de plantes gratuites. Ce centre cultivera les plantes à partir de graines et de semis. Il faut utiliser le système suivant pour préparer les plantes à distribuer : Faire pousser des semis de 45 cm de haut. Déraciner les plants et faire tremper leurs racines dans l'eau pendant une demi-heure. Couper alors la racine principale de chaque plant environ deux centimètres et demi sous la base de la plante et faire tremper ce qui reste des racines de nouveau dans l'eau pendant dix minutes. Puis planter les plants dans un champ ou les emballer pour la distribution. Les plantes produites de cette façon donneront des fruits gros et sucrés. Les fruits seront meilleurs que ceux obtenus à partir de semis mais moins bons que ceux produits par des plantes greffées.

6. Un centre de sériciculture et de tissage de la soie.

7. Une fabrique de biogaz. Cela implique la présence d'un élevage laitier. On peut aussi utiliser des jacinthes d'eau pour produire du biogaz.

8. La production de beurre.

9. De l'apiculture.

10. Un centre de formation à une agriculture scientifique mais respectant la nature[1].

11. Une réserve naturelle. Nos centres communautaires pilotes ne devraient utiliser que des engrais [et traitements] biologiques comme le compost, le fumier, la pâte de margousier[2], la pulvérisation de margousier, etc. Ils doivent éviter les engrais chimiques.

Le programme de nos centres communautaires pilotes est un mélange de sublimité orientale et de dynamisme occidental.

Calcutta, le 10 novembre 1989

---

[1] *« Ideal Farm Training Centre »*, voir le livre *Ideal Farming Part 2* du même auteur, Ananda Marga Publications, Calcutta, 1990 (ndt)

[2] *Neem* ou *nim* ou *nimba* (*azadirachta indica* L.), un excellent pesticide non toxique mais aussi un remède à diverses maladies par l'extrait des feuilles et des fruits de cet arbre tropical. (ndt)

Relever les classes laissées à la traîne

Dans le monde, nombreux sont les groupes qui ont un urgent besoin d'aide. Ils souffrent d'un grand dénuement physique, psychique et spirituel car les différents systèmes socio-économiques en vogue sont à la botte d'une section de la société, négligeant ceux qui sont dans le besoin et la société dans son ensemble.

Le marxisme, par exemple, divise la société en capitalistes et prolétariat. L'État est censé œuvrer pour le bien des prolétaires ou *shúdras* ; il réprime et opprime les non prolétaires. C'est la dictature du prolétariat. Mais il ne peut, en fait, y avoir de dictature du prolétariat. Ce concept même est irréaliste, peu scientifique et difficilement applicable. Le marxisme est un idéal utopique complètement détaché de la réalité.

En 1977, il y eut un changement de taille dans la constitution de l'Union soviétique. Elle abandonna le monstre écervelé de la dictature du prolétariat et se déclara État providence. Le marxisme n'en reste pas moins un château de cartes prêt à s'effondrer au moindre choc. Il n'aura aucun impact sur ce monde pratique.

Sous le capitalisme ou la démocratie, l'État est censé œuvrer pour le bien de la majorité mais il s'agit, en pratique, du règne d'une minorité de commerçants *(vaeshyas)*. Les autres groupes sont réduits à l'état de citoyens de second ordre.

L'ordre social qui suit les principes de la TUP obéit au principe « *viser le bien de tous* » *(sarva jana hitáya)* ; c'est ce que vise la TUP [la Théorie de l'Utilisation Progressiste]. Que personne ne soit opprimé. La TUP est en faveur de la gouvernance des *sadvipras*[1]. Seuls les *sadvipras* peuvent garantir le

---

[1] Voir p. 209. (ndt)

bien de tous les groupes car ils représentent les intérêts de toutes les classes de la société.

Tant que l'on n'a pas établi la TUP, l'on doit s'efforcer de protéger tout spécialement les intérêts des classes laissées à la traîne. Les populations tribales, par exemple, sont parmi les plus démunies des classes laissées à la traîne. Dans le Tripura et de nombreuses parties d'Inde, mais aussi dans d'autres pays du monde, les populations tribales sont indigentes et analphabètes. Il faut prendre sur le champ des mesures particulières pour améliorer leur développement socio-économique. Ces mesures doivent inclure : la suppression de toute inégalité en matière d'enseignement ; l'implantation systématique d'industries artisanales et de bons équipements agricoles, en particulier d'eau d'irrigation ; l'autosuffisance en énergie et en électricité ; l'amélioration des équipements de communication (téléphone, etc.) et de l'infrastructure de transport, notamment des chemins de fer.

Qui plus est, dans le monde, plusieurs de ces groupes voient leur population décroître rapidement et certains groupes sont menacés de disparition. C'est le cas des Zoulous et des Pygmées d'Afrique, des Lodhas du Bengale, des Birhars du [district de] Chotanagpur, des Málas du [district de] Malda, des Angars du [district de] Rohtas au Bihâr dont la langue est le bhojpuri, des Ladakhis du Cachemire, des castes secondaires du [district de] Kinnaur, des Roms d'Europe, des [Aborigènes] d'Australie et des Maoris de Nouvelle-Zélande. Bien que les Kaevartas ne soient pas menacés de disparition, leur taux de croissance démographique est inférieur à la normale.

Certains pays du monde ont, comme l'Inde, réservé des emplois aux classes laissées à la traîne pour garantir leur développement économique. Réserver ainsi des emplois n'est cependant pas en accord avec l'idéologie de la TUP. En effet, une fois la TUP établie, personne ne ressentira le besoin de réserver des emplois car la TUP garantit le progrès de tous. Dans un système qui suit les principes de la Tup, les gens n'auront pas besoin de chercher un travail, c'est le travail qui cherchera les gens.

On peut pourtant, dans le présent environnement socioéconomique, alléger les souffrances du peuple en adoptant, temporairement, le système préférentiel suivant :

Les pauvres originaires de ces populations sévèrement défavorisées devraient recevoir un traitement de faveur en matière de services [publics][1] et d'éducation, en priorité, quelles que soient leurs origines. En deuxième dans l'ordre de priorité arrivent les pauvres issus d'autres milieux. En troisième lieu, se placent les personnes originaires de ces classes laissées à la traîne mais qui ne sont pas pauvres ; le traitement le moins préférentiel étant accordé aux personnes pas pauvres des autres classes. Ici « laissées à la traîne » désigne des populations n'ayant profité d'aucun service public, ni d'éducation. Ces populations devraient bénéficier de ces avantages jusqu'à ce qu'il n'y ait plus de pauvreté dans le pays, autrement dit, tant que ne seront pas garantis les besoins minimums [de tous].

Ainsi, le critère déterminant l'accès à un traitement de faveur en matière de services [publics] et d'éducation ne devrait pas être l'origine familiale d'un individu mais sa situation économique. Un cordonnier d'une caste prétendue inférieure peut très bien vivre dans l'aisance et lui réserver un emploi est lui faire une faveur superflue qui ne peut être que mal vécue par la société. Un emploi réservé n'a pas lieu d'être en pareil cas. À l'opposé, un brâhmane *maethil* issu d'une famille d'une caste prétendue supérieure peut néanmoins être très pauvre. Il est donc essentiel de lui réserver un emploi ; on élèvera ainsi le niveau économique de toute la société.

De nombreux pays sous-développés et en voie de développement luttent pour relever leurs classes laissées à la traîne.

---

[1] Et notamment, l'accès au logement social, à divers avantages sociaux et à certains emplois publics. (ndt)

C'est d'ailleurs cette problématique de classe qui met le Bihâr à feu et à sang. Si l'on suit le système susmentionné, cela préviendra certainement tout combat entre classes laissées à la traîne et classes avancées en Inde et dans d'autres pays du monde. Cela garantirait en même temps la justice sociale et l'autosuffisance économique du peuple. C'est en ignorant toute considération de caste, de croyance, de religion, de race, de langue ou de sexe que les gouvernements pourront créer un environnement propice au développement complet et rapide de toutes les populations locales, leur donner accès à la nourriture, à l'habillement, au logement, à l'éducation et aux soins médicaux. Cela éliminera en elles tout sentiment d'infériorité et tous auront la possibilité de gagner leur vie selon leurs capacités.

Calcutta, juin 1979

Annexes

L'éthique spirituelle
Yama Niyama

Yama :

L'innocuité *(Ahiṁsá)* : Ne pas blesser ou nuire, par ses actes, ses pensées ou ses dires.

La Vérité bienveillante *(Satya)* : C'est faire un juste usage des mots, pensées et actions, dans le souci du bien d'autrui.

L'honnêteté *(Asteya)* : S'abstenir du désir ou de l'action de prendre ce qui appartient à autrui ou de le priver de son dû.

La pensée spirituelle *(Brahmacarya)* : Maintenir constamment sa pensée sur Dieu, le voyant en toute chose.

La simplicité de vie *(Aparigraha)* : Refuser toute commodité qui ne soit pas essentielle.

Niyama :

La pureté *(Shaoca)* : Cela comprend la propreté du corps et de l'environnement ainsi que la pureté de l'esprit. On peut rester pur mentalement en agissant avec bonté envers les créatures vivantes, en faisant preuve de charité, en aidant autrui et en agissant bien.

Le contentement *(Santośa)* : C'est être content de ce que l'on a. Il est essentiel d'essayer d'être toujours joyeux.

Se sacrifier *(Tapah)* : Rendre service à ceux dans le besoin au prix de son effort.

La lecture spirituelle *(Svádhyáya)* : Étudier les textes et commentaires spirituels pour en comprendre le sens profond.

La méditation *(Iishvarapraṅidhána)* : S'immerger dans le flot spirituel et pour cela, avoir fermement foi en Celui qui régit ce monde, dans le bonheur comme dans le malheur, et se penser comme son instrument dans toutes les circonstances de la vie.

– Ces principes sont ceux de la tradition yoguique, les termes sont sanscrits. –

Notes et compléments[1]

Le Nouvel Humanisme

Le Nouvel humanisme est un humanisme qui renie les limitations des attachements étroits à son territoire, son groupe et même son espèce et qui étend son affection à tout le monde vivant et au-delà.

Il est aussi défini ici par l'auteur p. 24, et dans son ouvrage : *Libérer l'intellect : le Nouvel Humanisme*, Éditions Ánanda Márga, France, 1989, (titre original : *The Libération of Intellect: Neohumanism*).

Les microvita

Lire du même auteur *Les Microvita*, ou quelques textes sur les microvita dans le recueil *Une Promenade spirituelle en ce monde*, Éditions Ánanda Márga, 2009.

Les microvita sont des entités plus petites ou subtiles que les particules atomiques, qui ont semble-t-il plusieurs niveaux de subtilité (physique ou psychique). À l'origine de la vie, elles sont au niveau physique de l'ordre des virus et, au niveau psychique, rejoignent le concept des anges des médiévaux. Selon l'auteur, la recherche scientifique gagnerait beaucoup et réclame en fait des connaissances sur les microvita pour bien progresser. Il encourage ainsi les recherches dans ce sens.

« Il existe des entités dont la manifestation est à la fois physique et psychique, qui sont plus petites ou plus subtiles que les atomes, les électrons, ou les protons et qui au niveau psy-

---

[1] Les titres cités sont ceux des livres ou des discours (lorsqu'entre guillemets) de l'auteur. (ndt)

chique peuvent être plus subtiles que l'ectoplasme. Pour ces objets ou entités, j'utilise le mot « microvitum ». Ce microvitum ou, au pluriel, ces microvita, ne sont pas de nature protoplasmique et, en tant que tels, n'ont pas grand chose à voir avec les molécules ou les atomes de carbone que l'on considère comme le point de départ ou le premier stade de la vie dans cet univers. Ces microvita, en ce qui concerne l'expression physique, se situent donc juste entre l'électron et l'ectoplasme mais ne sont ni ectoplasme ni électron. (…)

Ce ne sont pas les atomes ou les molécules de carbone qui sont les porteurs de la vie dans les différentes étoiles, planètes et satellites mais les microvita. »

« Le microvitum, mystérieuse émanation du Principe divin »
discours de l'auteur, décembre 1986.

La démocratie

« Vous voyez donc que la démocratie est un système qui n'est ni très bon ni simple. Cependant, tant qu'on n'aura pas développé un meilleur système, comportant moins d'inconvénients, on devra préférer la démocratie aux autres et s'en servir pour le moment. »
« Matérialisme dialectique et démocratie »

« Comparativement, la démocratie est meilleure que tous les systèmes de gouvernement élaborés jusqu'à présent. La démocratie est un cadre moins favorable aux dirigeants forts que la dictature. Les pays démocratiques demeurent donc relativement faibles, que ce soit dans la guerre, le développement socio-économique ou d'autres sphères d'activités, bien qu'une démocratie dure généralement plus longtemps qu'une dictature. Quoique la démocratie aille plus de pair avec le règne de la rationalité qu'avec le règne du caprice, on ne rencontre pas dans une démocratie le niveau de solidarité atteint dans une dictature, parce que la majorité des gens rejettent cette dernière.

Dans une dictature, les gens ordinaires sont harcelés de multiples manières par la volonté capricieuse du dictateur, mais dans une démocratie aussi, le peuple est harcelé par les décisions fantaisistes des partis politiques et le comportement opportuniste de leurs cadres. Ceux-ci font parfois souffrir terriblement de bons citoyens. J'aimerais que vous réfléchissiez objectivement à cela.

Si l'on ne peut soutenir pleinement le système de dictature personnelle, on ne peut pas non plus être en faveur de la dictature d'un parti. Dans une dictature de parti, il arrive que des cadres illettrés ou à moitié instruits harcèlent des gens cultivés et talentueux. Dans ces circonstances, la population n'aspire qu'à mettre fin au régime dictatorial. Elle doit parfois solliciter l'aide de puissances étrangères pour qu'elles la libèrent de sa condition intolérable. C'est la dure réalité. La seule alternative à la dictature personnelle, la dictature de parti et le chaos de la démocratie est le concept de la Tup du pouvoir des *sadvipras*. »

Calcutta, 27 mars 1988
« Gouvernance de la société » extrait B

Les dirigeants (voir aussi le point suivant)

« La nature humaine est quelque peu comparable à celle des moutons. Quand un mouton tombe dans le fossé, les autres suivent. Les êtres humains aussi sont des êtres sociaux. S'ils doivent vivre seuls pendant longtemps cela les perturbe et ils se mettent désespérément en quête de compagnie. Les êtres humains devraient donc être des plus prudents dans le choix de leurs dirigeants. L'histoire de maintes contrées nous enseigne que certains dirigeants intelligents à la nature démoniaque ont mené leur société à la destruction. Ce sont parfois des communautés entières qui ont été anéanties, alors que d'autres fois la société n'a évité la destruction que parvenue au bord du gouffre.

Certains s'opposent avec véhémence à toute forme de culte de la personnalité, mais ils devraient savoir que le culte de la personnalité, qu'il soit bon ou mauvais, a existé depuis l'antiquité et continuera d'exister dans le futur. C'est pour cela que je disais que la société doit choisir ses dirigeants avec la plus grande prudence. À cet égard, il n'y a pas de différence entre les capitalistes, les communistes et les socialistes (ils sont tous de la même couleur). On ne peut accepter un dirigeant que dans la mesure où il ou elle possède suffisamment d'intelligence, de sagesse, d'intégrité, d'esprit pionnier, d'empressement à se sacrifier, etc.   Calcutta, le 6 mars 1988
« Gouvernance de la société » extrait A

Les *sadvipras*

« La direction de la société devra être aux mains de personnes à la fois spirituellement élevées, intelligentes et braves. »   *Ânanda Sûtram 5,15*

« Seule l'éducation psychique et spirituelle peut créer de vrais sages *(sadvipra)*. Je réserve l'appellation de *sadvipra* à ceux qui sont établis dans l'éthique spirituelle et qui sont pénétrés de pensée universelle.

Il ne suffit pas pour créer des *sadvipras* que les dirigeants politiques haranguent des gens dans des réunions politiques – [devenir *sadvipra*] exige de la droiture et une pratique de purification personnelle. »   *Problèmes d'aujourd'hui*

« On reconnaîtra les sadvipras à leur conduite exemplaire, leur service désintéressé, leur dévouement et leur intégrité morale. Seuls les sadvipras peuvent servir tous les êtres humains de façon désintéressée et mener tout le monde à un progrès général. Dans le futur, ce sont ces sadvipras – ceux qui suivent une juste philosophie de vie et un juste système de pratiques spirituelles – qui conduiront la société. »   Ranchi 1969
« *Sadvipra Boards* »

« On peut qualifier les sadvipras de révolutionnaires spirituels en tant qu'ils œuvrent de façon planifiée et réfléchie à des changements progressistes visant à l'élévation humaine, sur les plans à la fois physique, psychique et spirituel, tout en s'appuyant sur les principes de l'éthique spirituelle *(yama niyama)*. (...) Ce ne sont pas des témoins inactifs ; ils doivent s'impliquer pour s'assurer qu'aucune personne ou classe n'exploite le reste [de la société]. Il se peut qu'il leur faille alors recourir à la force physique pour combattre à la source le pouvoir qui tend à devenir exploiteur. Lorsque la classe martiale se met à exploiter, ils peuvent devoir recourir à la force physique ; à une époque où c'est la classe intellectuelle ou religieuse qui domine, ils devront faire advenir une révolution dans le domaine intellectuel ; lorsque ce sont les marchands qui dominent, il se peut qu'il leur faille disputer et gagner les élections, parce que la classe marchande règne par la démocratie et que celle-ci leur permet d'accumuler des biens immérités. »

4 juin 1959 *Idea and Ideology*
« The Place of Sadvipras in the Samája Cakra »

« Les *sadvipras* se battront sans répit et sans compromission contre l'immoralité et toute tendance créatrice de division. On ne peut pas qualifier de sadvipras des personnes qui se présentent comme morales mais qui sont pauvres en esprit combatif. »   Patna, mai-juin 1966
« The Future of Civilization »

« La vie humaine surpasse, aux yeux des *sadvipras*, toute autre valeur. (...) On accorde habituellement à la valeur sociale [fondée sur le statut social] la préférence sur la valeur humaine. Les sadvipras veulent s'attaquer au cœur de cet usage. Pour eux, la valeur humaine est plus importante que la valeur sociale. La société étant formée d'êtres humains, c'est sur la notion même d'humanité que l'on doit construire la valeur sociale. Autrement dit, on doit accorder une valeur sociale aux personnes qui montrent du respect pour la valeur humaine. Nous avons dit précédemment que [cela] consiste à voir les joies et peines, les espoirs et peurs de l'humanité avec sympathie et, la considérant unie à Dieu, à l'établir dans une divine majesté. Or pour qu'elle s'élève à cette sublime hauteur, il lui faut bénéficier d'un environnement favorable à son existence physique, mentale et spirituelle. C'est le droit inaliénable de tous que de pouvoir progresser sur les trois plans de l'existence. La société se doit de reconnaître ce droit humain ; elle a failli à le faire et c'est pourquoi la vie est pleine de peine et de souffrance. »   Mars 1970

« Social Values and Human Cardinal Principles »

« L'humanité doit finir par comprendre que seuls les sadvipras peuvent diriger la société. Je ne nomme sadvipras que des personnes qui suivent strictement les principes d'éthique spirituelle *(yama niyama)*. On ne peut complètement espérer établir la paix et le progrès humain que par les efforts collectifs de ces *sadvipras*. Même la démocratie ne peut résoudre les problèmes humains car, dans une démocratie, une des classes se retrouve en position de dominer les autres dont la liberté est, dans une grande mesure, restreinte. La démocratie ne reconnaissant pas de principes établis, la rivalité, la jalousie, la mesquinerie, l'immoralité, etc. s'installent et s'expriment sans restriction. De plus, les couleurs et formes de la démocratie changent constamment car celle-ci ne cesse de donner à des vérités relatives l'importance de principes cardinaux. Établir une société sans classes n'est possible qu'à des personnes qui reconnaissent l'Être suprême comme le but de leur vie, dont toute l'énergie mentale est sans cesse dirigée vers un but suprême. Toutes les classes devront s'unir en une société libre de lutte des classes et œuvrer à la mise en pratique d'un idéal commun sur une plate-forme commune. Et cela, seuls les sadvipras peuvent l'accomplir. »

« Synthesis and Analysis »

« Les *sadvipras* sont les personnes profondément spirituelles, aimant les êtres humains par-dessus tout autre chose et parfaitement altruistes. On ne doit pas mettre les rênes d'un gouvernement entre les mains de personnes égoïstes et n'ayant pas
d'amour pour l'humanité, celles-ci doivent revenir à de sincères
serviteurs de l'humanité. »

Ranchi, 21 avril 1968
Discourses on the Mahábhárata

État et pouvoir d'achat

« Plus les recettes de l'État sont allouées à des plans de
développement – qui n'incluent pas les salaires des employés
de l'État – plus l'économie du pays en profite. Cette politique
rend un grand service aux masses et favorise le développement
socio-économique. Par suite de la circulation constante de capital, la richesse nationale augmente. Bien que le gouvernement
se doive de penser aux besoins vitaux de ses employés, on ne
peut accepter que les salaires des fonctionnaires soient augmen-
tés au détriment des fonds alloués à des investissements publics. Plus l'on investit d'argent dans des plans de développement, mieux c'est. Cette politique engendre aussi indirectement
un accroissement du niveau de vie des fonctionnaires. Si un
gouvernement augmentait les salaires des fonctionnaires sans
mettre d'argent dans des investissements publics, le marché
échapperait à tout contrôle. Par conséquent, les fonctionnaires,
même s'ils sont mieux payés, ne pourraient en profiter. Si les
prix des biens sur le marché sont multipliés par cinq et que les
salaires des fonctionnaires sont doublés dans le but d'augmenter leur confort, leur pouvoir d'achat double-t-il aussi ? Même
s'ils vont au marché avec plus d'argent en poche, ils trouveront
que tout a augmenté. Cette approche revient à jeter de l'huile
sur le feu. Si les prix des produits sur le marché montent en
flèche, le pays sera soumis à une inflation galopante. Ainsi,

augmenter les dépenses d'un ministère au détriment des plans de développement revient à commettre un suicide économique.

Si, au contraire, on augmente la production en investissant dans des plans de développement, on peut accroître le pouvoir d'achat des gens sans augmenter leurs salaires. Cette augmentation du pouvoir d'achat profite à la fois aux fonctionnaires et aux employés du privé. En termes purement économiques, les plans de développement sont des programmes qui accroissent directement la richesse nationale et contribuent indirectement à cet accroissement. Tant que les besoins minimums des gens ne seront pas couverts, on ne pourra pas considérer les programmes qui n'augmentent la richesse nationale qu'indirectement, sans l'augmenter directement, comme des programmes de développement. »

Calcutta, le 17 avril 1988
extrait de *Shabda Cayaniká Part 16,* discours 121

Emplois intellectuels

« Créer de l'emploi au niveau local requiert de prendre en considération les sentiments de la population locale. Par exemple, de nombreuses régions d'Inde sont des zones où la main-d'œuvre intellectuelle est excédentaire. Les gens de cette catégorie sont prêts à travailler comme employé de bureau pour le très bas salaire mensuel de trente roupies mais ils ne sont pas prêts à gagner plus en travaillant comme porteur. Le problème de la main-d'œuvre intellectuelle excédentaire est tout à fait particulier et doit être résolu intelligemment. Il faut installer dans ces régions des industries peu gourmandes en main-d'œuvre manuelle. On adoptera ainsi, pour les divers groupes socio-économiques, différents programmes de développement, selon l'époque, l'endroit et les personnes. »

« Réformes agraires »

Les hypocrites

« Les hypocrites sont : les menteurs, les ingrats envers leurs bienfaiteurs, ceux qui ne tiennent pas parole, les traîtres et ceux qui calomnient dans le dos des gens. »

Ánanda Márga Caryácarya Part 2

Notes supplémentaires, de la traductrice :

Le régime politique français

En France, même si c'est le président qui nomme le premier ministre, il le nomme en fonction du bord de la majorité à l'assemblée nationale (composée des députés). C'est-à-dire qu'un président de droite est contraint de nommer un premier ministre de gauche lorsque les élections législatives (l'élection des députés) ont élu une majorité de députés de gauche. C'est ce qu'on appelle la cohabitation. Il y est contraint car autrement l'assemblée nationale, qui fonctionne à la majorité des voix, refuserait de cautionner son gouvernement et ce serait le chaos. C'est pourquoi l'on parle souvent de régime semi-présidentiel.

L'arrondissement français

En France, chaque département est divisé en moyenne en trois ou quatre arrondissements caractérisés par leur ville principale. Il n'y a pas, aujourd'hui, de conseil au niveau des arrondissements. Le premier niveau des conseils est le département, représenté par le Conseil général où siègent des conseillers élus dans les cantons (subdivisions des arrondissements) du département. L'arrondissement est sous la juridiction d'un sous-préfet (représentant de l'autorité centrale) et n'est donc pas décentralisé, au contraire des régions et des communes (voir note 1 p. 137).

L'auteur utilise une circonscription indienne à peu près équivalente, en matière de population, à l'arrondissement français ; en fait, au niveau rural, des « blocs de développement communautaire », correspondant à une centaine de villages indiens et nommés généralement *blocks*.

Les agro-industries

Elles sont, semble-t-il, différenciées par l'auteur en *agro-industries* et *agrico-industries* : les *agrico-industries* étant les industries de matériel ou produits pour l'agriculture – comme la fabrication de pioches, de haches, de pelles et de tracteurs ; et les *agro-industries*, celles dépendant directement de la production agricole tels les filatures de jute, les fabriques de tissu, les moulins à huile et les minoteries, les fabriques de médicaments à base de plantes, les papeteries.

Transcription latine du sanscrit et bengali

Nous avons adopté la translittération suivante, choisie par l'auteur, de l'alphabet sanscrit en caractères romains :

a, á, i, ii, u, ú, r, rr, lr, lrr, e, ae, o, ao, am̐, ah,

ka, kha, ga, gha, uṇa, ca, cha, ja, jha, iṇa,

ṭa, ṭha, ḍa, ḍha, ṅa, ta, tha, da, dha, na,

pa, pha, ba, bha, ma, ya, ra, la, va,

sha, śa, sa, ha, kśa.

le **'** désigne l'élision phonétique du *a*, le *ṇ* le *candra-bindu*.

Précisions éditoriales

Beaucoup de ces textes sont des compilations de notes prises par les auditeurs lors des discours de l'auteur. De son vivant, l'auteur revoyait en général le texte avant publication. Certains textes ont cependant été édités, notamment au moment de sa disparition ou après, avec parfois un certain manque de rigueur que les éditeurs s'efforcent aujourd'hui de corriger.

« Pour une fraternité universelle », cette allocution, dernier chapitre du livre *Idea and Ideology*, fut prononcé en partie en anglais et en partie en hindi. À la fin du séminaire, les notes des participants furent réunies et éditées en un manuscrit anglais envoyé à l'auteur pour les additions et rectifications nécessaires, puis publiées en un livre. Les cinq principes fondamentaux de la TUP sont cependant un rajout qui fut fait au moment de la publication du livre.

« Les droits de la femme » fut édité tout d'abord en bengali dans *Abhimata 9*, puis en anglais dans *A Few Problems Solved 9*, 1988.

« Les quatre types de progrès » prononcé en anglais, est ici retranscrit d'après la cassette originale (mauvais état).

D'après *Eledit 7* (l'édition numérique en anglais des ouvrages de l'auteur), ont été **prononcés en anglais :**
Fournir le minimum vital et un maximum d'éléments de confort ; Répondre aux besoins de développement ; Les quatre types de progrès ; Relever les classes laissées à la traîne ; le premier paragraphe de L'équilibre socio-économique.

Majoritairement prononcé en anglais : Questions et réponses sur l'économie.

Prononcés en anglais et bengali : La démocratie économique ; Groupements socio-économiques ; La planification à l'échelon de l'arrondissement ; L'économie décentralisée ; Les coopératives agricoles, de fabrication et de consommation.

Prononcés en bengali : Les particularités du système économique de la TUP ; la deuxième partie de L'équilibre socio-économique.

Traduction : Les textes ont, en général, été traduits à partir de la version d'*Eledit 7* en tenant compte des corrections d'*Eledit 7.5*. Cependant, diverses corrections ont été apportées qui ne figurent pas dans ces versions d'*Eledit*, par un retour au texte original. Par exemple « Les quatre types de progrès » qui apparaît ici est la transcription de la cassette audio du discours, ce qui n'est pas le cas dans *Eledit 7* ou *7.5*. Divers points ont également été comparés au texte original (bengali ou hindi généralement) ou aux notes originales. Les quelques mots, ou phrases, sanscrits ont été retraduits directement en français. L'équilibre socio-économique ainsi qu'en général les extraits présentés dans les Notes et compléments ont été traduits d'après *Eledit 7.5*

Les titres anglais : *The Rule of Rationality ; The Cosmic Brotherhood; Women's Rights; The Speciality of the Fifth Fundamental Principle of Prout; Minimum Requirements and Maximum Amenities; Compartmentalized Democracy; Economic Democracy; Requirements of an Ideal Constitution; Democracy and Group-Governed States; Nuclear Revolution; Socio-Economic Groupifications; Socio-Economic Movements; Multi-Purpose Development Schemes; Some Specialities of Prout's Economic System; Block-Level Planning; Decentralized Economy – 1; Questions and Answers on Economics – Section A, Section B, Section C; Principles of Balanced Economy – Excerpt A[1], premier paragraphe de Excerpt B; The Four Types of Progress; To Save Humanity; Cooperatives; Master Units; Elevating Backward Classes.*

Transcription latine du sanscrit et bengali : voir p. 215

---

[1] D'après la version retraduite présente dans *Shabda Cayaniká Part 4 et 5 (discourse 29)*

Ouvrages de l'auteur

Politique et social :
To the patriots ; Problèmes d'aujourd'hui ; La Société humaine 2 ; Prout in a nutshell (recueils, 21 vol.)
Civilisation :
Sabhyatár Ádibindu - Ráŕh (Ráŕh: the starting point of civilisation)
Essais :
Abhimata (8 vol.)
Libérer l'intelligence : le Nouvel humanisme
Précis philosophique :
Ánanda Sútram
Écrits spirituels :
Sublime Spiritualité 1 ; la Science sacrée des Védas I (Îshâ, Prashna, Muńdaka, Páshupata Brahma, Kaevalya et Nrsimha Tápaniiya Oupanishads), II (La Spiritualité de la Kaťha Oupanishad) et III (L'Enseignement philosophique et spirituel de la Shwetâshwatara Oupanishad) ; Nectar de l'Enseignement spirituel I, II ; Subháśita Samgraha, 24 vol. Ánanda Vacanámrtam, 22 vol.
Morale : *Un Guide de conduite humaine – yama niyama, les principes moraux spirituels du yoga*
Manuel social :
Manuel de l'Ánanda Márga, pratiques, rites et structures (Ánanda Márga Caryácarya t. 1 à 3)
Philosophie :
La Philosophie de l'Ananda Marga, une récapitulation, vol 1 ; Idea and Ideology; Ánanda Márga (Elementary Philosophy) ; La Faculté de connaître ; Je salue la splendeur de Krishna (Namámi Krśńa Sundaram)
Histoire de la spiritualité :
Discourses on Mahábhárata Mes hommages à la Paix de Shiva (Namah Shiváya Shántáya)
Santé :
Se Soigner par le yoga, l'hygiène de vie et les remèdes naturels
Littérature enfantine :
Le Lotus d'or de la mer Bleue Under the fathomless depths of the Blue Sea; In the land of Haťťamálá; Táŕá Bándhá Chaŕá; Nútan Varńa Paricay

Chants et poésies :
Prabháta Saṁgiita (165 vol.)
Philologie :
Varńa Vijińána (Science of languages) ; *Varńa Vicitrá* (Variety on Letters) (8 vol.)
Histoires :
Galpa Saiṇcayana (12 vol.)
Dictionnaire :
Laghu Nirukta
Encyclopédies :
Shabda Cayaniká (26 vol.) (inachevée)
Ideal Farming (Une Agriculture idéale)

Animals and birds – our neighbours (Nos amis les bêtes)
Path Calte Eti Kathá (6 vol.)
(Chroniques des régions)
Recueils :
Une Promenade spirituelle en ce monde (recueil)
Neohumanism in a nutshell
A Few problems solved
Aspects avancés de la psychologie du yoga.
Science et connaissance ésotérique : *Pramá, Les Microvita* (recueil)
Etc.

Ces ouvrages sont disponibles à la commande sur différents sites. Les ouvrages de nature plus spirituelle sont signés *Shrii Shrii* Ánandamúrti, le nom spirituel de l'auteur.

Vous trouverez les références exactes des livres en français ainsi que leur brève présentation sur : http://anandamarga.free.fr/livres.htm d'où vous pouvez nous contacter pour toute demande de renseignements, ou d'adresse ou pour des commandes de livres.

Europe : Centre européen d'Ánanda Márga
Weisenauer Weg 4, D-55129 Mainz, Allemagne
tél : 00 - 49 6131-834262, mél : sosberlin@anandamarga.eu
USA, New York : tél : (00-1-)718-8981603
mél : sosny@anandamarga.us, web : http://ampsnys.org
Canada, tél (port.) : 00 1 613 322 6663 ou 00 1 514-806-4426
mél : dayashiilananda@gmail.com
Burkina Faso : B.P. 3665 01, Ouagadougou 01, Burkina Faso
tél : +226-50-37-55-92, port : +226-78-34-03-85,
mél : amurt_bf@yahoo.fr

Voir aussi proutglobe.org/ (en anglais)

Table des matières analytique

www.ingramcontent.com/pod-product-compliance
Lightning Source LLC
LaVergne TN
LVHW051507080426
835509LV00017B/1957